Sprechen Sie Bairisch?

Für Bayern und solche, die es noch werden wollen

Sprechen Sie
Bairisch?

Für Bayern und solche, die es noch werden wollen

tosa

Vorwort

Das Bairische gibt es nicht. Zwischen Nordbairisch und dem soge-
nannten Donaubairischen existieren erhebliche Unterschiede; das
Mittelbairische hebt sich wiederum von beiden ab und darüber hinaus
gibt es gerade in den Grenzregionen unzählige Mischformen, die alle-
samt spezifische Ausdrücke und eine eigene Aussprache besitzen.
Die archaischste aller Spielarten des Bairischen ist das Nordbairische,
das eine Fülle urtümlicher Begriffe bewahrt hat. Es wird nicht nur von
den „Preißen" – wie die nichtbairische Restbevölkerung Deutsch-
lands in Bayern genannt wird –, sondern auch im bayrischen Süden
großteils nicht verstanden. Begriffe, die nur in einer Region auftau-
chen, sind im vorliegenden Band nicht aufgenommen. Die meisten
angeführten Worte sind in Gesamtbayern gebräuchlich oder werden
doch zumindest überall verstanden.

Neben diesem umfangreichen, alphabetisch geordneten Wörterbuchteil
finden sich hier aber auch Ausspracheregeln, Besonderheiten der
bairischen Grammatik, Rezepte für typisch bayrische „Schmankerln"
und praktische Alltagstipps für Touristen und „Zuagroaste": vom
sprachlichen Rüstzeug für einen Restaurantbesuch bis hin zur Voka-
belliste, um sich in Bayern nach dem richtigen Weg erkundigen zu
können. Darüber hinaus enthält dieses Büchlein natürlich auch ein
wenig Landeskunde sowie Wissenswertes und Amüsantes über
Eigenheiten der bayrischen Landsleute. Auf humorvolle Weise kommen deren Besonderheiten auch in landestypischen Witzen zum Ausdruck und werden Ihnen zudem durch charakteristische Zeichnungen
näher gebracht.

Eine vielfältige Mischung also, nach deren Lektüre Sie garantiert mit
perfekter Betonung sagen können: „Ja, so sans."

a	auch, ein
a Batzal	ein wenig von

„Bairisch", „bayrisch" oder „bayerisch"?

Sprachwissenschaftler unterscheiden sehr genau zwischen dem Wort „bayrisch" bzw. „bayerisch" (das Staatsgebiet betreffend) und dem Wort „bairisch" (die bairische Sprache betreffend). Das „y" im Wort „Bayern" wurde erst vor rund 200 Jahren für das um Franken und Schwaben erweiterte Baiern eingeführt.

a diam	manchmal
a geh	hör schon auf
a Hauffa	ein Haufen

Sauweda   Sauwetter

„Weda" ist in Bayern nicht nur ein Ausdruck für das Wetter allgemein, sondern meint eigentlich ein Unwetter bzw. Gewitter.

Schnürlregn	sehr starker Regen
Duschn	starker Regen
Scheißheislweda	schlechtes Wetter
Paraplui	Regenschirm

a Maß	1-Liter-Bierkrug
a Schindaglumb	unbrauchbares, unschönes Zeug
a so	ach so ist das
Aafdoudera	Flaschenöffner
Aaferl	Großmutter

Ein bayrisches Schulmädchen ist nach seiner ersten Englischstunde völlig verwirrt und berichtet seinen Eltern beim Abendessen: „Englisch is a saggrisch schwoare Sproach: I hoast Ei, Ei hoast Eck, Eck hoast koaner und koaner hoast nobody!"

Aang	Augen
ab und diam	dann und wann
aba	abgetaut
Abfekirche	Apfelküchlein
Abfeschdrul	Apfelstrudel
abgefeimt	gemein
ableamen	anlügen
Abord	Toilette
Aborddeggl	Toilettendeckel
Abordsgrum	Abortgrube
Abrenndecherl	Topf zum Einbrennen

 **A**brui

Abrui	April
abschoasseln	abtun, hinwegfegen
Achala	Eichhörnchen
achgodderla	ach du mein lieber Gott
Adabei	Szene-Mensch

Aussprache: Das bairische „a"

In Bayern existieren (mindestens!) drei
verschiedene Arten, ein „a" auszusprechen.

Es gibt zunächst ein kurzes, helles „a", bei dem der Mund
möglichst breit gemacht werden muss. Dieses „a" findet sich
beispielsweise in Worten wie „a" (ein) und in „Massl" (Glück).

Besonders charakteristisch ist die Aussprache des „a" im
Diphthong „oa". Zu hören ist es in zahllosen Worten, wie
z. B. in „boarisch" (bairisch).

Daneben gibt es in vielen Worten auch noch ein längeres,
dunkles „a", das aber „a" bleibt und nicht ins „o" rutscht.
Paradebeispiel für dieses „a" ist das „a" der „Maß" Bier.

Ade	Auf Wiedersehen, Tschüss
ader	ungeduldig, hartnäckig
adspaan	später Nachmittag
Afdamending	Montag
afgstellter Mausdreg	Wichtigtuer
afhaxt	kaputt gemacht

Agger	Acker
Äggradana	Ekel
aggrat	genau
Agschleckerte	Gourmet bzw. Gourmand
Äha	Oha
Ahndl	Oma
Ähndl	Opa

Verkleinerungsformen

Die Bayern haben einen sehr ausgeprägten Hang zu Diminutiven. Dabei lässt die Verkleinerungsform überhaupt keine Schlüsse auf Größe, Alter oder Ausmaße der bezeichneten Sache zu. Ein Bild ist immer ein „Buidl" – selbst wenn es sich dabei um einen riesigen Ölschinken handelt. Vgl. z. B.:

Glasl, Fassl, Bredl, Pfandl

aia ned	eher nicht
Aibrenn	Mehlschwitze
alda Dolln	blöde Kuh
alega	anziehen
aletza	anschnallen
Ällabätsch	Bätsch, recht geschieht dir
allans	allein
alle schieslang	dauernd, ständig
Allerwoitswafn	geschwätzige Frau

Allmächd	Allmächtiger
alloa	allein
am bessergeschdn	am allerbesten
Ämd	Abend
ameaschd	damals, früher
ameivoi	„ein Maul voll", vorlaut
amend	möglicherweise
Amerla	Eimer
Aminaschlupferle	Nesthäkchen, anschmiegsames Mädchen

Italienische Wurzeln

Im Bairischen finden sich eine ganze Reihe von Begriffen, die auf italienischen Einfluss zurückgehen, auch wenn die „Verbairischung" teilweise so stark ist, dass sich die Wurzel kaum noch erkennen lässt:

Karfiol	cavolfiore (Blumenkohl)
Spagatschnur	spaghetto (Schnur)
Brentn	brenta (großer Trog, urspr. Weinfass)
scharmutzieren	scaramuccia (flirten, plänkeln)

Amixl	Amsel
an Guadn	guten Appetit
an Hund neihaun	einen Fehler machen
an oucht	mag sein, vielleicht
Ananas	Erdbeere

Andernechtenacht	vorgestern
Andn	Ente
Andnpörzl	Entenpürzel
anetla	ein paar, einige
anfrimmen	bestellen
Angerl	Dorfzentrum
anouschd	irgendwo

Berühmte Bayern

Annette Kolb (1870–1967)

Pianistin, Schriftstellerin und engagierte Pazifistin, die sich besonders für die deutsch-französische Verständigung ein-setzte. Hauptwerk: „Die Schaukel. Eine Jugend in München."

ant	befremdlich, seltsam
aper	offen, unbedeckt
Äpfele	Äpfelchen, auch liebevolle Anrede
Ärschla	Hintern
arschlings	rückwärts
Arschlingsgang	Rückwärtsgang
aschifdi	allein stehend
aschlefa	sich ausziehen
Assel	Elster
Aubern	Blaubeeren
Audal	Auto

Auer Dult	Altwaren, auch Nahrungsmittel
auf boid	bis bald
auf d' Nacht	am späten Abend
auf d' Schanz ge	feiern gehen

Im Gasthaus

Kontakte mit Einheimischen werden Sie als Tourist vermutlich zunächst vor allem in Gasthäusern und Lokalen haben, d. h. in der „Schwemm", wie einfache Wirtschaften und Bierschenken in Bayern genannt werden. Die formlose Aufforderung „Hogg di hi!" ist keine Zurechtweisung, sondern darf getrost als herzliche Einladung aufgefasst werden. Mit den Zurufen „An Guadn!" (Guten Appetit) und „Prost!" werden Sie vermutlich noch keine Schwierigkeiten haben, aber auch die befremdlichen Trinksprüche wie z. B.

Oans, zwoa: gsuffa!	Eins, zwei: getrunken!
Schwammas owe!	Spülen wir es hinunter!
Auf Eana Woi!	Auf Ihr Wohl!

bedeuten im Grunde nichts anderes, als dass man Ihnen einen gesunden Durst wünscht.

auf de Gant kemma	Konkurs anmelden, Pleite gehen
Auf Eana Woi!	Auf Ihr Wohl!
aufbrezln	aufdonnern, sich herausputzen

aufbutzn	schmücken, herrichten
aufd' Woid kumma	auf die Welt kommen
auffawurln	aufsteigen, emporkommen
auffi	hinauf
aufhausig	geizig
aufmandln	angeben, protzen, den starken Mann spielen
aufmischen	verprügeln
aufmugga	protestieren
aufreibm	einschalten
aufschbuin	aufspielen, Musik machen
aufschdäin	ausgeben
aufstricka	aufkrempeln

KIAH

BULLDOG

PREISSN

aufzwiefelte Wasserschnalzn	gestreckte Suppe
Augnglasl	Brille
Aus is!	Das glaub' ich nicht! Schluss!
ausbabbialn	auspacken

Die Rechnung

Die weibliche Bedienung in Bayern ist grundsätzlich das „Freilein", die männliche der „Oba". Wenn Sie das Lokal verlassen und zahlen möchten, genügt es in der Regel, ein lautes „Zoin!" in den Raum zu rufen, das nach Wunsch auch zu „Oba, zoin!" oder eben „Freilein, zoin!" ausgeweitet werden kann.

„Zoin, biddschee" gilt bereits als äußerst höfliche Variante, auch „d' Rechnung biddschee" ist erlaubt und eher vornehm. Mit „schdimdaso" machen Sie deutlich, dass das Wechselgeld als Trinkgeld behalten werden darf.

ausbacha	im Bett liegen bleiben
ausbeißn	enttäuschen
ausbochn	ausschlafen
ausfratscheln	befragen, aushorchen
ausgfozd	beschädigt, nicht mehr in gutem Zustand
ausglutschd	kaputt, ausgelaugt
ausgschamd	unverschämt
Ausguss	Spülstein

Auskauda	ein ganz Durchtriebener
auskliagln	ausklügeln, aushecken
aussaggln	ausbluten, ausnutzen
aussazizln	herauskitzeln, herausbringen
ausschoaln	ausschließen, ausgrenzen
aussigrasn	betrügen, fremdgehen
Auswärts	Frühling
auswögn	auswalzen, auswalker
auszuzlde	„ausgelutschte
Kaneuwanzn	Kanalwanze" (Schimpfwort)
Auwäierla	Oh weh
avergunnerd	missgönnen
Awabinddiache	Kopftuch
Awanda	Abgrund
awaschoaso	genau so ist es
awengzweng	ein bisschen zu wenig

„Arschlings gaach owe!"

Dampfnudl – Dampfnudeln

Dampfnudeln sind eine beliebte Mehlspeise aus der
süddeutschen Küche. Besonders gut schmecken sie
mit Vanillesoße und frischen Früchten.

Zutaten:

250 g Mehl	1 ½ EL Zucker
60 g Butter	100 ml Milch
1 Ei	1 EL Butter
10 g frische Hefe	etwas Salz

Zubereitung:

1   Das Mehl, die Butter, das Ei und etwas Salz gemeinsam in eine
Schüssel geben. Die Hefe zerbröckeln und mit einem Esslöffel
Zucker in der erwärmten Milch auflösen und diese dann in die
Schüssel gießen. Alles zu einem geschmeidigen Teig verarbeiten.
Abgedeckt an einem warmen Platz 30 Minuten gehen lassen.

2   Danach vier gleichgroße Klöße aus dem Teig formen und diese
weitere 20 Minuten ruhen lassen.

3   Einen Bräter ein bis zwei cm hoch mit Wasser füllen, einen Esslöffel
Butter, etwas Salz und den restlichen Zucker zugeben und zum
Kochen bringen. Die Klöße ins kochende Wasser legen und etwa
20 Minuten zugedeckt kochen lassen; die ersten 10 Minuten bei
niedriger Hitze, danach die Hitzezufuhr erhöhen, bis das Wasser
verdampft ist und die Dampfnudeln zu brutzeln beginnen.

Baam	Baum
Baamkatzl	Palmkätzchen
Baamwoiane	Strümpfe aus Baumwolle
Baaschlengerra	ein bayrischer Volkstanz
Baaz	Matsch, Schlamm
baazen	fest umarmen
Bäbb	Kleber, klebriges Zeug
babba	kleben

— A fesch Dirndl —

Babbadeggl	„Pappedeckel", Pappkarton
Babberla	Pflaster
Babbia	Papier

Bayrische Trachten

Die bayrische Tracht gibt es nicht. Nicht nur hat jede Region ihre eigene Tracht, sondern im Laufe der Zeit haben sich auch lokale Unterschiede zwischen kleinen Landkreisen und sogar Gemeinden entwickelt.

Das Bewahren und Pflegen der Trachtenkultur ist ein recht junges Phänomen. Bis zum Beginn des 20. Jahrhunderts war auch die Trachtenmode dem modischen Zeitgeist unterworfen und veränderte sich deshalb ständig. Denn ursprünglich bedeutete das Wort „Tracht" nichts anderes als „getragene Kleidung". Und diese Kleidung unterschied sich nicht nur je nach Schicht, sondern entwickelte sich auch durch die Einflussnahmen der anderen Stände in immer neue Richtungen.

So ahmte das Bürgertum die Roben des Adels nach, dieser orientierte sich am letzten Schrei, der gerade bei Hofe präsentiert wurde, und die Bauern bemühten sich wiederum, die Städter zu imitieren.

Babbn	Mund, Maul, Klappe
Babierschdrizä	Zigarette
bacherlwarm	angenehm warm

Wiesn

Unter den ersten Dingen, die den meisten Nichtbayern sofort einfallen, wenn sie an Bayern denken, findet sich natürlich das Oktoberfest. Während manche selbst weite Anreisen nicht scheuen, um einmal jährlich in dieser scheinbar typisch bayrischen Atmosphäre einige überteuerte Maß zu kippen, gilt es anderen als Sinnbild schlechthin für niveaulose Sauferei und derbes Massenspektakel. Entstanden ist das Oktoberfest 1810 anlässlich der Vermählung von Kronprinz Ludwig mit Prinzessin Therese von Sachsen-Hildburghausen und war ursprünglich ein Pferderennen. Nach und nach kamen jedoch immer mehr Jahrmarktbuden hinzu und so entwickelte sich das Fest recht schnell zu der Attraktion, die es heute ist. Wer es besuchen will, sollte sich vorher möglichst mit folgenden Bezeichnungen vertraut machen:

a Maß	1-Liter-Bierkrug
Hoiwe	halbe Maß Bier
Bock	Starkbier
Schdäggalfisch	ein Fischspieß, der als besondere Spezialität der Wiesn gilt
Haxn	Schweinehaxen
Ochsnsemme	Brötchen mit Ochsenfleisch
Hendl	gebratenes Hähnchen
Schweinsbrodn	Schweinebraten
Lewakassemme	Leberkäsebrötchen
Fleischpflanzl	Frikadelle, Boulette
Weiswuaschd	Weißwurst, wird mit „Heaft" (süßem Senf) gegessen
Brezn	Brezel

Bachl	Depp, Tor
Bädasui	Petersilie
Baddscher	Macke, bescheuert sein
Baddschlach	Regenpfütze
Baddschmaul	Intrigant
baddschnos	klatschnass
Badea	Erdgeschoss
Bädsä	Tannenzapfen, Schafherde
badschiere	tollpatschig
badzad	ungehörig betragen

Berühmte Bayern

Matthias Grünewald (1480–1528)

Matthias Grünewald, eigentlich Mathis Gothart-Nithart,
war neben Albrecht Dürer der bedeutendste deutsche Maler
um 1500. Sein Werk wird zwischen Spätgotik und Renaissance
angesiedelt. Sein bedeutendstes Gemälde ist der „Isenheimer
Altar".

Bäffzgar	kläffender, kleiner Hund
Bagasch	Sippschaft, lästige Verwandtschaft
Baggerl	Päckchen
baggmas	gehen wir es an
Baigga	Fensterladen
bäign	plärren
bäizn	faulenzen
balous	gierig

Bambärchä	Bamberger Schupfnudeln
Bauchstecherla	
bambfn	schlingen, sich vollstopfen
Bamsn	lästige Kinder, Plagen
Bandscha	Pantoffeln

Bangard	Kind
Banscherl	Kalb
Barasoi	Sonnenschirm
bardu	partout
Bardwisch	Handbesen
bare	quitt sein

barfuaßat	barfuß
bärig	super, großartig
Bariser	Kondom
barkopfert	ohne Hut
Bärndregg	Lakritze
Barogger	Toupet, Perücke
bassd scho	ist in Ordnung, stimmt schon
batschen	intrigieren, verraten

Reklamationen im Gasthaus

Um in einem bayrischen Lokal fehlendes Gedeck nachbestellen zu können, sind folgende Vokabeln unerlässlich:

Leffi	Teelöffel
Gowi	Gabel
Leffe	Löffel
Messa	Messer
Della	Teller
Glasl	Glas
Serwiadn	Serviette

Batzhangei	Lätzchen
Batzlaugn	erstaunte oder aufdringliche Augen machen
batzlweis	scheibchenweise
Batznlippi	Ferkel (Schimpfwort)
Bauanmadla	Mädchen vom Land
Bauchbutzl	Bauchnabel

Bauchstecherl	Schupfnudel
baud hods ean	er ist hingefallen
Bauerndrampel	grobschlächtiges, gefühlloses Wesen ohne Manieren
Bauernlakel	tölpelhafter Kerl
Baundzn	Dampfnudel
Bavaria	Bayern
Bawaladschn	unhandlicher Gegenstand
Bäzal hiadn	Lämmer hüten
Bazi	schlauer Bursche
bazzä	ein bisschen
beankad	sturköpfig
Bebblesgmias	Rosenkohl
Bedbeichl	Gebetsbuch
Bedbrunsa	Bettnässer

– Brodzeid –

Beenät	Spinat
Beer	Wald
Beggamandl	Vogelscheuche
Behüt di God!	Auf Wiedersehen!
beid a weng	warte bitte
beideln	schütteln
beidn	warten
beijdlschmatzad	heuchlerisch

Kleine bayrische Landeskunde

Einwohner: ca. 13 Millionen
Fläche: ca. 70 500 km²
            Bayern ist das flächenmäßig größte Bundesland
            der Bundesrepublik Deutschland.
Hauptstadt: München, von den Bajuwaren „Minga" genannt,
            mit ca. 1,5 Millionen Einwohnern.
Bayern ist das beliebteste deutsche Tourismusziel.

Beißzang	bösartige Frau
Beivegldregg	Honig
belfern	keifen
Belle	Kopf
bemmerln	jammern, nerven
benäpft	schwer von Begriff
benzn	anbetteln, nicht locker lassen
Betthupferl	Süßigkeit, Schlaftrunk
Bförbfl	Baby, Kleinkind, kleine Person
bfundig	toll

Ozapft is!   Es ist angezapft!

Jeder Bayernbesucher sollte unbedingt einmal einen Biergarten besuchen – selbst eingefleischte Weintrinker. Der Bayern sind sie so ans Herz gewachsen, dass sie auf das Freiluftvergnügen auch im Winter nicht verzichten wollen. Deshalb gibt es mittlerweile sogar Biergärten mit Fußbodenheizungen, in denen es sich auch bei Minusgraden behaglich sitzen lässt. Zur Vorbereitung auf diesen Ausflug empfiehlt es sich, die folgenden Worte gewissenhaft auswendig zu lernen:

Weisbia, Woazn, Helles	Weizenbier
Bock	Starkbier
Russ	Getränk aus Weißbier und Limonade
Biagriagl	Bierkrug
Biafuizl	Bierdeckel
Blembi	abgestandenes Bier
a Maß	1-Liter-Bierkrug
Hoiwe	halbe Maß Bier
Quartl	Viertelliter Bier
Scheißheisl, Abord	Toilette
Hoggableiba	letzter Gast

Bia	Bier
Biadimpfi	Biertrinker
Biafuizl	Bierdeckel
Biagriagl	Bierkrug
Biaschwemm	Biergarten, Lokal

Kleine bayrische Bierkunde

Das klassische bayrische Bier ist natürlich das Weizenbier. Es wird „Weisbia", „Woazn" oder einfach „Helles" genannt. Mehr als 80% aller Weizenbiere kommen nach wie vor aus Bayern, obwohl das frische, würzige Getränk zunehmend auch im Norden an Beliebtheit gewinnt.

Auch die hohe Kunst, ein Weißbier einzuschenken, wird vor allem von den Bayern immer weiter kultiviert. So wurde zum Beispiel die charakteristische Form der typischen Weißbiergläser entworfen, um eine möglichst eindrucksvolle Schaumkrone zu erzielen. Die Zitronenscheibe, die hin und wieder im Weißbier schwimmt, ist bei echten bayrischen Bierkennern verpönt. Sie lässt den Schaum zusammenfallen und soll außerdem den wahren und unverwechselbaren Biergeschmack verfälschen.

Nahezu alle Brauereien in Bayern haben aber auch dunkles Bier im Sortiment, das einfach „Dunkel" genannt wird.

Recht verbreitet ist außerdem auch das „Bockbier", ein dunkleres Starkbier mit einem ausgeprägten Malzgeschmack.

Bibala	Küken
Bichl	Hügel
biddschee	bitteschön
Bidegosche	ich bitte Sie
Bies	Gebiss
Biesgurkn	garstige Frau

biesln	pinkeln
Biffe	Rüpel
Bigaudara	Truthahn
biggad	pappig
Bileddl	Eintrittskarte, Ticket
binaggerd	hinterhältig, gemein
Bindlbreschei	Brosche
Bingl	Beule
Birschdn	Bürste

Russ

Neben dem deutschlandweit bekannten Radler existiert in Bayern eine weitere Bierspezialität, für die Bier und Limonade miteinander gemischt werden: das Russ'n-Maß, kurz „Russ" genannt. Sie wird allerdings ausschließlich mit Zitronenlimonade zubereitet. Dem Mythos nach verdankt sie ihren Namen den kommunistischen Revolutionären der Räterepublik von 1918, die einfach „Russen" genannt wurden und dieses Mischgetränk – wohl schlicht aus Mangel an ausreichend Biervorräten – eingeführt haben.

0,25 l Weizenbier
0,25 l Zitronenlimonade

Weizenbier und Zitronenlimonade werden gleichzeitig in ein Weizenbierglas eingeschenkt.

Bischlscheam	Blumentopf
Bisd ma sire?	Bist du beleidigt?
Bisd scho gschiggd?	Bist du bereit zum Gehen?
Biwaf	Küken
biwarn	bibbern, zittern
Bixlmadam	Angeberin
Bixnmuich	Dosenmilch
blaad	dick
Bläägranzn	aufbrausende, laute Person
bladad	glatzköpfig
Bladdn	Glatze
Bläddschl	Lappen, Lumpen
Blädl	Dummerchen
Bladschare	unhandlicher, großer Gegenstand
Blafon	Zimmerdecke
Bläschl	Zunge
Bläschldada	das Zungeherausstrecken
blauch	blau
Blaugraut	Rotkohl
Blazal	Plätzchen

HOCK DI HER, DANN SAMMA MEHR!

PACK MAS!

Test für „Zuagroaste"

Um nichtbajuwarische Touristen und „Zuagroaste" auf den Fortschritt ihrer sprachlichen Integration zu überprüfen, werden sie von Einheimischen gerne verschiedenen Tests unterzogen. Fallen Sie durch, sind sie fortan als „Preiß" diskreditiert.

Neben der weit verbreiteten Aufgabenstellung, das Wort „Oachkatzlschwoaf" fehlerfrei auszusprechen, kann es Ihnen auch passieren, dass man Sie um eine Übersetzung bittet.

Sehr beliebt ist hierfür der Ausdruck „Fuizfuigfui". Die richtige Antwort lautet: Viel zu viel Gefühl.

Bleame	Blümchen
Bleame brogga	Blumen pflücken
Blechdepp	Computer
Blechhollermanns-quedschn	Ziehharmonika
blegga	heulen
Blembi	abgestandenes Bier
Blempl	schlechtes (nichtbayrisches) Eier
Bliagnipf	Knospe
blinsln	blinzeln, zuzwinkern
Blitzgneißer	ironische Anrede für jemanden, der auf der Leitung steht
Bloachpietschn	Gießkanne
Blodern stessen	Fußball spielen

bloin	verprügeln, schlagen
Blosn	Menschengruppe, Truppe
blozen trucka	sehr trocken, wörtl. „furztrocken"
Bluad	Blut
Bluad vo da Katz!	Fluch: „Blut der Katze!"
Bluatiger Hennakopf!	Fluch: „Blutiger Hühnerkopf!"
blümerand	schwindelig
Blunzen	Blutwurst, blöde Kuh
blunzen	egal
Boada	Friseur
Boaderwaschl	Friseur
Boadscherl	Tollpatsch
Boana	Knochen, Gebeine
Boandlgramer	Gevatter Tod
boanig	hart, knochig
Boaral	Kniestrümpfe
boarisch	bairisch
Boasl	Lokal
Bobbala	süßes Baby oder Kleinkind
Bochratz	Wasserratte
Bock	Starkbier, Lust
bockboanig	einen Dickschädel haben
bodsch	ungeschickt
boffen	schlafen
Bogfozn	Ohrfeige
boid	bald
Boin	Furcht
Boinbruada	Feigling
boing	biegen
Bojazl	Puppe, meist aus Stoff
bojazln	herumalbern

bomisse	tiefste, unterste
boofen	sabbern
boschdad	bärtig
Bosdbod	Briefträger
bouschte	borstig
Braadschicks	alte, streitlustige Frau
bradschln	laute Blähungen
brägln	überkochen

Berühmte Bayern

Adam Riese (1492–1559)

Die Redewendung „nach Adam Riese" ist heute noch weit verbreitet, die wenigsten werden aber wissen, dass es diesen Herrn tatsächlich gab. Der Rechenmeister verfasste mehrere mathematische Lehrbücher, in denen u. a. das Wurzelzeichen erstmals auftauchte.

bräsand	eilig, dringend
Brasumsn	Frau
brätschn	davonrennen
bratzln	betrügen
Brawan	Brombeeren
Bredl	Brett
bredlbroad	breit, sperrig
breggälacha	erbrechen
Bremabadscher	Fliegenklatsche

Brendn	füllige Frau, großer Trog
Brenesterer	Vollrausch
bressierd wia d' Sau	es ist sehr dringend
Brezn	Brezel
Brillahengscht	Brillenträger
broad	breit
broadorschad	„breitärschig", großmäulig
Brodara	Karussell
Brodhendl	Brathähnchen

Eisschiaßn   Eisstockschießen

Der populäre bayrische Winterspaß wird häufig auch das Mensch-ärgere-Dich-nicht des Eises genannt. Beim Eisstockschießen spielen zwei Mannschaften gegeneinander, eine Bahn wird markiert und das Ziel, die Daube, festgesetzt. Nun muss jeder Eisstock, eine Gummischeibe mit Stiel, möglichst nahe an die Daube geschossen werden. Andere Mitspieler können jedoch mit jedem folgenden Schuss sowohl einen gegnerischen Eisstock als auch das Ziel selbst wieder verschieben und den Spielstand dadurch wieder wenden. Gespielt wird im Winter auf zugefrorenen Gewässern, natürlich gibt es aber längst auch Kunsteisbahnen und sogar Asphaltbahnen, auf denen dann mit einem Eisstock aus Kunststoff gespielt wird.

Brodz	Angeber
Brodzeid	Zwischenmahlzeit
broods	Kröte
Broodskache	kokettes, eingebildetes Mädchen

– Eisschiaßn –

Brotzgigal	Geck
broudln	feuchtfröhlich feiern
Bruach	Unterhose
Bruada	Bruder
Bruin	Brille
Brummisubbn	maulende Person

Brumsumsl	naive, nicht besonders intelligente junge Frau
brunsbiesldumm	sehr dumm
Brunzbraschl	Schimpfwort: „Pissnelke"
brunzn	urinieren
brunzverreck	Fluch
bscheißn	betrügen
bsuffa	besoffen
Bsuffna	Besoffener
Buali	zärtliche Anrede eines Buben
buassin	schäkern, flirten
Buazlbaam	Purzelbaum
Büchslmadam	geizige Frau
Buggl	Buckel, Rücken
bugglad	bucklig
buggln	schuften
Buidl	Bild
bumpalgsund	kerngesund
bumpfert	gestaucht, gedrungen
Bumpl	Hose
Bursch	Jugendlicher
Busserl	Kuss, Küsschen
bussln	küssen
Butzen	Kerngehäuse eines Apfels
Butzkiwi	Putzeimer
Buzerl	Baby, Kleinkind
Buziwagerl	kleines Kind

Cafe Viereck	Gefängnis
Charivari	Accessoire, das an der Lederhose getragen wird
Christkindl	das Christkind

Wegbeschreibungen

Nach dem Weg zu fragen ist in Bayern kein leichtes Unterfangen, was vor allem an der Masse ungewöhnlicher Orts- und Richtungsbezeichnungen liegt. Und so kann euch ein zuvorkommendes „Konn i Eana heiffa?" (Kann ich Ihnen helfen?) den Nichtbayern völlig ratlos zurücklassen, wenn er sich nicht vorher mit einigen Vokabeln gerüstet hat:

aussi	hinaus
eine	hinein
dengg	links
rechds	rechts
grodaus	geradeaus
fiere	nach vorne
owe	nach unten
gaach owe	steil nach unten
zrugg	zurück
arschlings	rückwärts
Reim	Kurve
ibaroi	überall
umadum	rundherum
iwa	über
nem	neben
umme	hinüber

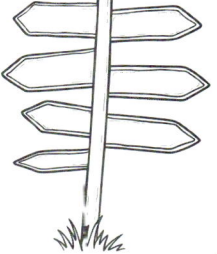

Koibshaxn – Kalbshaxe

Dieses klassische, bayrische Gericht steht in Bayern auf fast jeder Speisekarte. Natürlich gehört auch ein Bier dazu!

Zutaten:

2 Knoblauchzehen	Salz
1 Kalbshaxe	Pfeffer
Öl	Bier

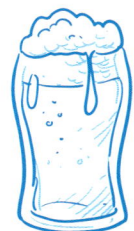

Zubereitung:

1 Den Knoblauch abziehen und fein hacken.

2 Die Kalbshaxe waschen, mit einem Küchentuch abtrocknen und danach mit Öl, Salz, Pfeffer und Knoblauch einreiben. In einer Fettpfanne im vorgeheizten Backofen bei 200 °C ca. zwei Stunden braten.

3 Jede halbe Stunde mit Bier bestreichen. Dazu passen Sauerkraut oder Krautsalat und Knödel.

da	der
da Gloa	der Kleine
Dääz	Kopf
dableckn	auslachen, aufziehen
dabunzd	klein gewachsen, winzig
dachen	stehlen
Dackl	Dackel
dadruggd	zerdrückt
daessn	aufessen
Däfen	Mund
dafia	dafür
dahihatschn	schlurfen, schleppender Gang
dahoam	daheim
dakeit	sich überwerfen, zerstritten sein
daloawid	kaputt, erschöpft
damacht	geschafft
damaggt	gestorben, krepiert

In **Bayern** nach dem Weg zu fragen, ist wie das Navi auf **Portugiesisch** stellen:

„desisgoànedsoweidned, nasigsdasschölinks – wödesblaueschuidlis."

damisch	blöd
damische Maatz	blödes Weib
Damjackl	Blödmann
Dampfbloderin	Dummschwätzerin
dampfig	schwül
Dampfnudl	Dampfnudel
Dampfplauderer	Klatschbase
Dampfwalzn	sehr dicke Person
Danawaschl	Segelohren
danax damoi	kürzlich, neulich einmal
Dandler	Verkäufer, Händler
dandschig	adrett gekleidet
dangschee	danke schön

Verneinung

Einfach nur „nein" zu sagen genügt den Bayern meist nicht.
Je nach Vehemenz der Ablehnung reicht die Palette möglicher
Verneinungen deshalb von höflichen Ausdrücken bedauernden
Zurückweisens bis zu Bekundungen empörten Widerwillens:

na	nein
na, dangschee	nein, vielen Dank
na, eha ned	nein, eher nicht
a geh	hör schon auf
iwo	ist doch gar nicht wahr
dosd ned	ich glaube kein Wort
Fredi sogsd	
aus is	das glaube ich einfach nicht
nia ned	niemals

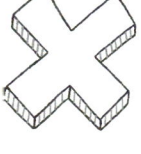

Zwetschgndatschi

– Zwetschgenkuchen

Zutaten:

Teig:
500 g Mehl
20 g Hefe
75 g Zucker
125 ml Milch
50 g Butter
2 Eier
1 Prise Salz

Belag und Streusel:
1 ½ kg Zwetschgen
350 g Mehl
170 g Zucker
200 g Butter
1 Prise Zimt
1 Prise Salz

Zubereitung:

1 Das Mehl gemeinsam mit der Hefe, ein wenig Zucker und etwas lauwarmer Milch in eine Schüssel geben, leicht vermengen und ca. 20 Minuten gehen lassen.

2 Danach die zerlassene Butter und die restlichen Zutaten hinzufügen, gut durchkneten und erneut eine Stunde ruhen lassen.

3 Den Teig auf einem Backblech ausrollen und mit den halbierten, entkernten Zwetschgen dicht belegen.

4 Für die Streusel das Mehl mit dem Zucker, den Gewürzen und der flüssigen Butter mischen. Zu Streuseln zerreiben und die Zwetschgen damit bestreuen. Den Ofen auf 180 °C vorheizen und den „Zwetschgndatschi" 35 bis 45 Minuten backen, bis die Streusel goldbraun sind.

Dappes	Dummkopf, Tölpel
dappig	dämlich
darenna	anrempeln
darennd	bei einem Unfall zu Tode gekommen

„Hawediäre!"

„Dere!"

daschlogn	erschlagen
dasuffa	ertrunken
Datschi	Blechkuchen
Dauch	Kompott
daugen	mögen, zustimmen
Daumian	Dummkopf
dawei	derweilen, einstweilen
dawuzln	zerkleinern, zerreiben

deaffa	dürfen
Deandl	Mädchen
deia	teuer
deixln	lenken
Della	Teller
denaschd	wenigstens
dengg	links

Das bairische Jahr

„Heuer", die bairische Bezeichnung für „dieses Jahr", ist mittlerweile nur noch selten zu hören. Eine Vielzahl anderer urbairischer Dialektausdrücke für Stationen des Jahres sind, zumindest in einigen Regionen, aber immer noch im Umlauf:

Joah	Jahr
Fährten	letztes Jahr
Speispfinsta	Gründonnerstag
Wocha	Wochen
Auswärts, Lenz	Frühling
Summa	Sommer
Hirgst	Herbst
Winda	Winter

Denkerwätsch	Linkshänder
Depp	Idiot
deppert	dumm
derkroaftn	aushalten, verkraften
derwuzeln	fest knuddeln

 Des dad i aa.

Des dad i aa.	Das würde ich auch so machen.
Des geht fei ned!	Das ist unmöglich!
Dia	Tür
Dibbe	Beule

Berühmte Bayern
Albrecht Dürer (1471–1528)

Albrecht Dürer war einer der bedeutendsten Maler und Grafiker zur Zeit des Humanismus und der Reformation. Er revolutionierte den Kupferstich und den Holzschnitt.

Zu seinen wichtigsten Gemälden zählen neben Porträts und Selbstporträts zum Beispiel auch „Adam und Eva".

Diern	Tür
Dietsche	hässliche Kopfbedeckung
Diezl	Schnuller
Dipfischeißer	Korinthenkacker, I-Tüpfel-Reiter
Dipplbruader	Landstreicher
Dirn	Hausangestellte
Dirndl	Mädchen
Dirndlgwand	Dirndl, bayr. Trachtenkleid
dirr	dürr, mager
Dizl	Schnuller
do	hier
Do gengan s' her!	Hierher!
Do legst di nieda.	Das ist aber erstaunlich.
Do wirst spitzen.	Da wirst du aber schauen.

Doal	Teil
Dobbfn	Quark
Docke	Puppe
doderd	durcheinander, zerstreut
Dogda	Arzt

Zeiten

Sollten Sie von einem Bayern eingeladen werden oder sonstige Verabredungen treffen wollen, ist es sinnvoll, sehr genau hinzuhören, wenn der Zeitpunkt fixiert wird. Im Bairischen gibt es nämlich einige höchst eigenwillige Zeitangaben:

in da Frua	morgens
adspaan	später Nachmittag
Ämd	Abend
auf d' Nacht	am späten Abend
heid	heute
morgn	morgen
andernechtenacht	vorgestern
ezad	jetzt

Doihopf	Hefezopf
Doldi	Kasper
Dolggenbudza	Radiergummi
Domandl	Diener
Dosd ned Fredi sogsd.	Ich glaube kein Wort.
draamhappert	schlaftrunken, gerade erwacht

drad	verrückt
Drambö	Straßenbahn
Drawurm	Drehwurm, Schwindel
Drenschn	Schnute ziehen
Drimsler	trödelndes Kind, trödelnde Person
Drischbe	(Tür-)Schwelle
Drodesl	Fahrrad
Drotwar	Bürgersteig
Drucksherzl	sympathische Frau
Dsigräddn	Zigarette
Duaschd	Durst
duckmausad	unterwürfig, „duckmäuserisch"
Duddln	Brüste

Ein Krautsalat befindet sich einsam in einem bayrischen „Gnedlfriedhof" (Bauch). Plötzlich kommt unerwarteter Besuch. Der Krautsalat erkundigt sich: „Wer bist du denn?" „Ich bin a Maß. Der Xaver hat mich ausgegeben." Kurze Zeit danach trifft ein weiterer Gast ein, der Krautsalat wiederholt seine Frage und erhält dieselbe Antwort. Es dauert nicht lange, da stößt noch jemand hinzu. Auf die Bitte, sich vorzustellen, macht sich der Neuankömmling als Obstler bekannt, auch er sei vom Xaver spendiert. Im 10-Minuten-Takt folgen drei weitere Obstler, alle verweisen auf den Xaver als großzügigen Spender. Daraufhin sagt der Krautsalat: „Jetzt geh' ich aber mal hinauf und schau' mir diesen Xaver an."

Duddngschirr	BH
Duggad	Bettdecke
Duibn	Tulpe
Duin	Delle
Dult	Jahrmarkt, Rummel
dumperd	düster, dunkel
Dunnerkeil	Donnerwetter
Duschn	starker Regen
Dusl	Glück
Duslbruada	Glückskind
Duttelkind	Säugling

Eahm schaug o!	Was glaubt er denn!?
eana/eanan	ihnen/ihren
Eana a	Ihnen auch
ebbes	etwas, ein wenig
echez	verkehrt herum angezogen sein
eibabbialn	einpacken
Eidam	Schwiegersohn
eignahd	starrköpfig, unnachgiebig
eikastln	verhaften, ins Gefängnis sperren
Eina!	Herein!

Was Bayern am Weltspartag sagen

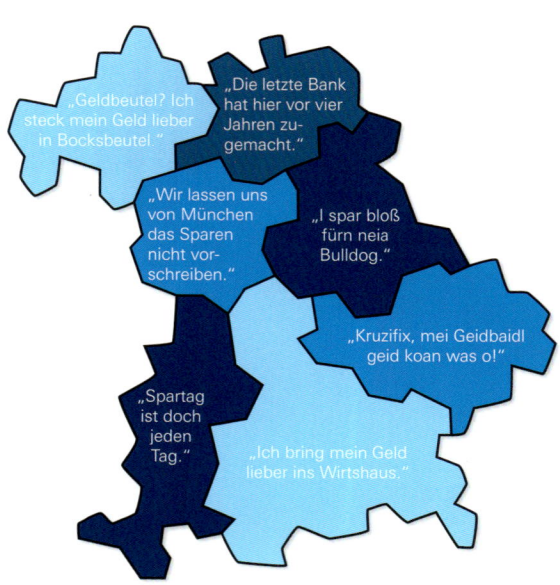

„Geldbeutel? Ich steck mein Geld lieber in Bocksbeutel."

„Die letzte Bank hat hier vor vier Jahren zugemacht."

„Wir lassen uns von München das Sparen nicht vorschreiben."

„I spar bloß fürn neia Bulldog."

„Kruzifix, mei Geidbaidl geid koan was o!"

„Spartag ist doch jeden Tag."

„Ich bring mein Geld lieber ins Wirtshaus."

einifläzn	es sich auf einem Sesse' oder Sofa gemütlich machen
einigruacha	gierig schlingen
einischnofeln	Rotz hochziehen
Einmerkal	Lesezeichen
einzipfln	Geschlechtsverkehr habe᠈
eisaggln	einstecken
Eisschiaßn	Eisstockschießen

Der richtige Zeitpunkt

Die folgenden Wendungen können Ihnen hilfreich sein, wenn Sie beispielsweise einen Zug erreichen wollen oder die Intervalle öffentlicher Verkehrsmittel erfragen möchten:

zschbaad	zu spät
bressierd wia d' Sau	es ist sehr eilig
a diam	manchmal
alle schieslang	dauernd, ständig

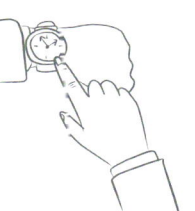

eiwamperln	schleimen, einschmeicheln
eiwoaga	einweichen
Emsn	Ameise
Engerl	Engel
enterbei	gegenüber
Erdäpfl	Kartoffeln
Erdäpflstamp	Kartoffelpüree
ezad	jetzt

Fagge	Ferkel
fahiern	ziellos herumschweifen, sich herumtreiben
Fährten	letztes Jahr
Falodn	Betrüger
Fangamandl	Fangen spielen

Berühmte Bayern
Hans Holbein d. J. (1497–1543)

Hans Holbein der Jüngere gehört zu den wichtigsten europä-ischen Künstlern der ersten Hälfte des 16. Jahrhunderts. Zu seinen berühmtesten Arbeiten gehören der „Schreibende Eras-mus von Rotterdam" sowie „Holbeins Frau mit den beiden älteren Kindern".

Fangeisen	Ehering
Fankal	Teufel
faregga	sterben
Fatschenboppa	Baby
Federmapperl	Federmäppchen
fei obbacht	gib Acht
fei	beliebtes Füllwort, bedeutet so viel wie „wirklich, doch"
feichd	feucht
Feitel	Taschenmesser
femen	leichtes Schneetreiben

fesd	sehr
Fetzn	Arbeitsschürze, Lumpen
Fetzngaudi	großer Spaß
Fetznrausch	Vollrausch
Fiada	Arbeitsschürze mit Vorder- und Rückenteil
Fiass	Füße, Beine
fiere	nach vorne
Figlfoim	Maiglöckchen
Fingagfui	Fingerspitzengefühl

Saupreißn

Was ein „Preiß" wirklich ist, darüber herrscht auch in Bayern Uneinigkeit. Für viele sind bereits alle, die nördlich der Donau leben, so genannte „Saupreißn". Aber welche Grenze auch immer gezogen wird, wirklich geliebt werden die Preußen in Bayern nirgends und von niemandem.

Fingahaggen	bayrische Sportart: Männer haken sich mit den Mittelfingern ein und versuchen, den Gegner an sich zu ziehen
Fledern	chaotisches, unordentliches Kind
Flederwisch	Staubwedel

Bläde
Mannsbuidl   Männer!!!

Die Vielfalt bairischer Schimpfworte ist unüberschaubar, in jeder Region existieren landestypische Variationen. Die Differenzierungen und Nuancen sind sehr fein und nur der Einheimische vermag es, in jeder Situation das passende Wort zu finden.

Boinbruada	Feigling
Schoasdromme	etwa: „Arschloch"
Broadorschad	„Breitarsch", Großmaul
auszuzlde	„ausgelutschte Kanalwanze"
Kaneuwanzn	
Brunzbraschl	„Pissnelke"
Hamperer	Hampelmann, Tölpel
Bauerndrampel,	grobschlächtiges tölpelhaftes Wesen
Bauernlakel	ohne Manieren
Gleznbebi	Depp
Gschaftlhuber	Wichtigtuer
afgstellter	Wichtigtuer
Mausdreg	
Gleznsepp	Sturkopf
Lalli	Dummkopf, Dussel
Bachl	Depp, Tor
Hodalump	Halunke
Dappes	Dummkopf, Tölpel
Schmarrnbene,	Quatschkopf
Schmarrnjackl	
Schefzapferl	Arschkriecher, Speichellecker
Dipfischeißer	Korinthenkacker
damischer Hirsch	Dämlack

Fleischpflanzl	Frikadelle, Boulette
Fleischpflanzl-semme	Frikadellenbrötchen
Flimsal	Ohrring
Flins	Kiesel, Geld

– Mannsbuidl –

Flinsal	Fussel
foast	feist, fett
Föhn	warmer Wind
foigfresn	satt, „vollgefressen"
fotzad	scharfzüngig, bissig
Fotzhobe	Mundharmonika
Fozn	Schläge
Foznschbangla	Zahnarzt, Kieferorthopäde
Franzosenbrause	Champagner
Fratz	freches Kind

Berühmte Bayern
Richard Strauss (1864–1949)

Der Komponist und Dirigent Richard Strauss wurde bereits durch seine symphonische Dichtung „Don Juan" zum wichtigsten jungen Komponisten in Deutschland. Sein bedeutendstes Bühnenstück „Salome" sorgte bei der Uraufführung 1905 in Dresden für einen Skandal.

Freida	Freitag
freile	natürlich
Freilein	Kellnerin
Freind	Freund
Friedhofsjodler	Raucherhusten
froaseln	faseln, Unsinn erzählen
frotzln	necken, jemanden aufziehen

Froutschn	eine Flunsch ziehen, ein grimmiges Gesicht machen
fuaßln	„füßeln", unter dem Tisch die Füße zusammenstecken
Fuchzga	Fünfziger
fuizfuigfui	viel zu viel Gefühl
Fuizpantoffel	Filzhausschuhe
Funzl	schwache Lampe
Furdge	„Fortgehen", Abschied
fuxdeifeswuid	fuchsteufelswild
fuxen	funktionsuntüchtig
fuxn	ärgern

Mengen und Maße

Die Bayern nehmen es bekanntlich nicht so genau und lassen gerne auch mal fünf gerade sein. Das spiegelt sich auch in den Mengenangaben und Maßeinheiten wider, die selten wirklich exakt sind. Wenn man Sie also auf dem Markt oder beim Essen fragt: „Derfs no wos sei?" (Möchten Sie noch etwas?), erwartet niemand genaue Grammangaben.

a Batzal	ein wenig von
ebbes	etwas, ein wenig
awengzweng	ein bisschen zu wenig
zfui	zu viel
ums Oaschlegga	kleinste Maßeinheit
um a Mausduderl	äußerst knapp, gerade so

gaach	steil
gaach owe	steil nach unten
gaache Reim	scharfe Kurve
gachgwallad	stramme, dicke Waden
gäibe Ruam	Karotte
gaibs Kracherl	Orangenlimonade
Galoschen	Schuhe

– Grantler –

Gamsbaat	Gamsbart am Hut
Gamsbaatsyndrom	Impotenz
gamsig	geil
Gaudi	Spaß
Gaudibursch	Spaßvogel
Gaudiwurm	Faschingsumzug

Gazn	Suppenkelle
Geam	Hefe
Geamgnedl	Hefekloß
Geldigen	Reiche
Gellns?	Stimmen Sie mir zu?
gemma	gehen wir
gesching	gestern
gfotzert	geärgert, geneckt
Gfred	Ärger, lästiger Aufwand
Gfries	Miene, Gesicht, Fresse
gfruidad	verwandt

Bayerisches Grundgesetz

§1 – Mia san mia

§2 – Schau ma moi, dann seng mas scho

§3 – Ma soi nix überdreim

§4 – Wenns koane Gnedl gibd, is ned gessn

§5 – Hintnache is da Esel aa gscheida

§6 – Ned g'schimpft is globt gnua

§7 – Saufsd, schdiabst, saufsd ned, schdiabst aa

§8 – Ma redt ja ned, ma sagd ja bloß

59

Kasschbozn – Käsespatzen

Dieser Klassiker wird in jeder Region etwas anders zubereitet – schmeckt aber immer!

Zutaten:

600 g Mehl
2 Eier
3 große Zwiebeln
500 g Speck

etwas Butter zum
Anbraten
500 g Edamer
Salz
Pfeffer

Zubereitung:

1 Das Mehl und die Eier mit einer kräftigen Prise Salz und etwas Pfeffer gut durchkneten und so viel Wasser zugeben, bis sich der Teig vom Schüsselrand löst.

2 Die Zwiebeln und den Speck in grobe Würfel schneiden und in Butter anbraten.

3 Den Nudelteig auf einem Brett zu einer dicken Rolle formen, in kleine Stücke schneiden und in kochendes Salzwasser geben. Nach einigen Minuten vorsichtig umrühren und nach 10–12 Minuten abgießen – die Nudeln schwimmen an der Oberfläche, sobald sie fertig sind.

4 Die heißen „Spatzen" mit dem geriebenen Käse in einer Schüssel vermengen. Nach Geschmack nachwürzen und die gebratenen Zwiebeln und den Speck darüber verteilen. Zu den „Kasschbozn" passt grüner Salat.

Damische
Weiwaleid   Weiber!!!

Bairische Verspottungen von Frauen lassen sich grob in drei Kategorien einteilen. Die „Weiwaleid" werden entweder wegen ihres Aussehens (dick, dürr, hässlich), wegen ihrer Geschwätzigkeit oder ihrer Bosheit verhöhnt.

Ziefern	ungepflegte, alte Frau
Heigaign	magere Frau
Schupfahex	unansehnliche Frau
Dampfwalzn	sehr dicke Person
Brendn	füllige Frau
Bixlmadam	Angeberin
Dampfbloderin	Dummschwätzerin
Allerwoitswafn	geschwätzige Frau
Krucka	hinterhältige, böse Frau
Biesgurkn	garstige Frau
Beißzang	bösartige Frau
Braadschicks	alte, boshafte Frau
Spinatwachtel	streitlustige, alte Frau
damische Maatz	blödes Weib
Bauerndrampel	tölpelhaftes Wesen ohne Manieren

Gfui	Gefühl
Gibbfe	Gipfel
Gig	Motorrad, Mofa, kleines Gefährt
Giggerl	Hahn
Giggerlhaxn	Hähnchenkeule
Gigglgaggl	Geschmiere, Kritzelei
Gitschi	Liebhaber

Glabbal	Sandalen
Glampfn	Gitarre
Glandda	Geländer
glangrig	gierig, Gelüste haben
Glasl	Glas
Glaum	Glauben
Glauwauf	Knecht Ruprecht, Krampus
Gletzn	getrocknete Birne
Gleznbebi	Depp
Gleznbrod	Birnenbrot
Gleznsepp	Sturkopf
Gligg	Glück
Glo	Klo
Gloaheisla	Kleinbürger
gloana Brunza	zärtliche Bezeichnung für
	ein männliches Baby

Ein Engländer ist zum Bergsteigen in Bayern.
Bei einer seiner Touren gerät er in ein schlimmes
Unwetter, findet aber glücklicherweise
im letzten Moment noch einen Unterschlupf.
Als er seiner Wirtin am Abend von diesem
Abenteuer berichtet, erwidert diese:
„Da haben Sie aber Schwein gehabt."
Auf die Nachfrage, was das denn heißen soll,
erklärt ihm die Gastwirtin, dass „Schwein"
in Bayern „Glück" bedeutet.
Wenige Tage später begegnen sich die beiden wieder
und die Wirtin fragt höflich, ob der Gast denn bereits
ihren Mann getroffen habe. Der Engländer erwidert:
„Nein, das Schwein habe ich noch nicht gehabt!"

Junge Hupfa Grünschnäbel

Geschlechtsklischees finden sich natürlich auch in Schimpf-worten. Während es bei der Verunglimpfung männlicher Zeit-genossen ordentlich zur Sache geht und die Bandbreite der Kritik sehr groß ist, werden – insbesondere junge – Frauen vor allem als naiv und blöde beschimpft. Das „Deandl", „Dirndl" oder „das Mensch", wie Mädchen in Bayern heißen, kann darüber hinaus höchstens noch durchtrieben oder verlogen sein.

Maigansl	junges, naives Mädchen
liachtblaues Trutscherl	gutgläubiges, „blauäugiges" Mädchen
Woaserl	naive, unerfahrene junge Frau
Brumsumsl	naive, nicht besonders intelligente junge Frau
Muckerl	Mauerblümchen, schüchterne, unscheinbare Frau
Luadamadl	durchtriebenes Mädchen
liagats Mensch	verlogenes Mädchen

„Burschen" kommen hinsichtlich ihrer Intelligenz durchgängig besser weg. Der „Bazi" kann zwar auch durchtrieben sein, die Betonung liegt hier aber auf der Schlauheit und Gerissenheit, die dafür nötig ist.

luftgseichta Bazi	durchtriebener Junge, Mann
Hundsbua	Lausejunge

gloase	rutschig
Globiaschdn	Klobürste
glotschert	dämlich
glotzen	aufdringlich schauen
Glubbal	Finger, Wäscheklammer
Glubscher	Augen
Glufenkepfla	Stecknadelkopf
Glufer	Sicherheitsnadel, Stecknadel
Glumb	unnützes Zeug, unbrauchbarer Gegenstand

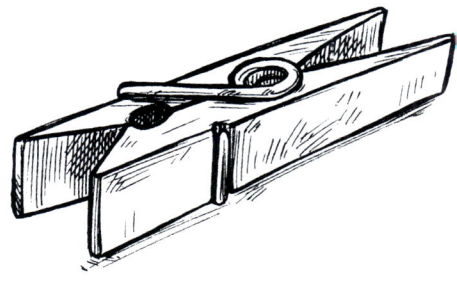

– Glubbal –

glustn	gelüsten
gmahde Wiesn	eine ausgemachte, sichere Sache
gmiadlich	gemütlich
Gmiadlichkeit	Gemütlichkeit
Gmias	Gemüse
Gnagg	Genick oder Geizhals
Gnaggfotzn	Schlag ins Genick
gnarazn	knarren
Gnatzerl	Mittagsschlaf, Nickerchen
Gnedlfriedhof	Bauch

gnegelte Fiass	hässliche, krumme Beine
gneißen	verstehen
Gniabislerhosn	Hochwasserhose, zu kurze Hose
Gnitzn	Stechmücke
Gnofe	Knoblauch
Goaß	Geiß, Ziege
Gocklfozn	letzter Schluck im Glas
Göd	Pate
Godin	Patin
Gon	Patin

Berühmte Bayern
Richard Wagner (1813–1883)

Deutscher Komponist mit enormem Einfluss. Zu seinen Hauptwerken zählen Opern wie „Tristan und Isolde", „Lohengrin", „Der Ring des Nibelungen" und „Parsifal".

goschad	frech, nicht auf den Mund gefallen
Goschn	Maul
Gowe	Gabel
Gräd	Gerücht
Graffe	Kram, Plunder
grambfn	stehlen
Grampf	Blödsinn
Grampfhenna	Lügnerin, Geschichtenerzählerin

Die lieben Kleinen

Das Bairische verfügt über eine Vielzahl zärtlicher Kosenamen, mit denen Babys und Kleinkinder angesprochen werden. So wird ein besonders süßes Kleinkind zum Beispiel liebevoll „Wuziwugerl" oder „Bobbala" genannt. Daneben gibt es aber auch eine Fülle recht deftiger Bezeichnungen, um die missratenen Exemplare der „Wuzelwar" (Kinderschar) zu benennen:

Bangard	Kind
Rotzbangard	unfolgsames Kind
Saubangard	sehr ungezogenes Kind
Fledern	chaotisches, unordentliches Kind
Zornbinkel	trotziges Kind
Schpringgingerl	sehr lebendiges Kind
Schraazn	vorlautes Kind
Greiwaffel	Heulsuse, weinerliches Kind
Bamsn	lästige Kinder, Plagen
Fratz	freches Kind
Saufratz	sehr unartiges Kind
Reabeitl	brüllendes, weinendes Kind

Grandl	Wasserkessel in alten Öfen
Grant	schlechte Laune
grantig	schlecht gelaunt, sauer
Grantla	schlecht gelaunter Mensch
Grantlhuber	Nörgler, Miesepeter
Grattler	Taugenichts, armer Schlucker, Gauner
Grattlerbritschn	Meckerziege
grausig schee	furchtbar (sehr) schön

Zu zwoat a
Tragl Bier schleppa
is fast a bisserl
wia Handderlhoitn.

Grawuggerl	Bösewicht, Teufel
grea	grün
Greazeigs	Gemüse
Greigodern	Harfe, Zither
greisli	grässlich, hässlich
greislich	grauenvoll
Greiwaffel	Heulsuse, weinerliches Kind
grementig	kränkelnd, eine Grippe ausbrütend
Gremes	Leichenschmaus
Griaglwascher	Nichtsnutz
Griesinagott	Grüß Gott
Grischberl	zierliche, schmächtige Person
grodraus	ehrlich

Gropfetza	Rülpser
Großkopferda	wichtiger, vermögender, einflussreicher Mensch
Großmuada	Großmutter
grözn	husten
Gruasch	Chaos, Unordnung
Gschaftlhuber	Wichtigtuer

Berühmte Bayern

Rudolf Diesel (1858–1913)

Der Erfinder des Dieselmotors wurde in Paris als Sohn deutscher Emigranten geboren. Er wurde nicht nur wegen der Erfindung, die seinen Namen trägt, sondern auch durch seinen geheimnisvollen Tod berühmt. Auf einer Schiffsfahrt durch den Ärmelkanal war er eines Morgens einfach verschwunden – vermutlich hat er sich in die Fluten gestürzt.

Gschaftlhuberei	Wichtigtuerei
gschamig	schüchtern, verschämt
Gschbineddl	Getue
gschbreizd	geziert
Gschbusi	Liebhaber, Geliebte, Liebschaft
gschdingad	faulig
gschead	fies, gemein
gscheggerd	gescheckt, gefleckt
gscheid	schlau

Gscheidhaferl	Klugscheißer
Gschickderl	attraktive Person
gschlamberd	wenig sorgsam, unordentlich

Zärtlichkeiten

Der bairische Wortschatz ist reich an lautmalerischen Ausdrücken rund um das Thema „Gfui" (Gefühl). Ob zärtliche Kosenamen, Tändeleien, Sex – für alles haben die Bayern ganz eigene Bezeichnungen:

obandeln	anbandeln, flirten
scharmutzieren	flirten, plänkeln
schbeanzln	turteln, flirten
Gschbusi	Liebhaber, Geliebte
Tschamsderer	Liebhaber
Schix	Freundin
Busserl	Kuss, Küsschen
bussln	küssen
Schmatzerl	feuchter Kuss
fuaßln	„füßeln", unter dem Tisch die Füße zusammenstecken
baazen	fest umarmen
schmaugeln	schmusen, kuscheln
derwuzeln	fest knuddeln
Schneckerl	Liebste, Liebes
Herzebobberl	Allerliebste(r), Liebling
Spatzl	Spatz, Kosewort
einzipfln	Geschlechtsverkehr haben
schnaksln	Sex haben

Gschlamperds	Chaos
gschlegerd	heikel, verwöhnt
gschmackig	schmackhaft
Gschmoas	Gesindel, Pack
gschnappig	nicht auf den Mund gefallen
gschnegglad	lockig
Gschnezlds	Geschnetzeltes
gschwoin	hochgestochen, geschwollen
Gschwollne	Bratwurst
Gseichds	Geräuchertes, Geselchte

Bairischer Diphthong

Der wichtigste bairische Diphthong ist das „oa". Eine Faustregel lautet, dass er dort auftaucht, wo normalerweise „ei" steht. Aus „ei" wird also „oa". Beispiele sind:

i hoas	ich heiße
i woas	ich weiß
Stoa	Stein

Auch statt einem „ai" kann „oa" gesprochen werden:

Froschloach	Froschlaich

Aber Achtung! Nicht immer findet diese Diphthong-Vertauschung statt! So wird die Farbe weiß weiterhin mit „ei" ausgesprochen! Wer also im Übereifer ein „Woasbia" oder eine „Woaswuaschd" bestellt, wird Unverständnis und vermutlich auch Gelächter ernten.

Bayrische Abfekirche

– Apfelküchlein

*Diese bayrische Spezialität schmeckt am besten
mit einer leicht säuerlichen Apfelsorte.*

Zutaten:

2 Eier
2 EL Zucker
1 Päckchen
  Vanillezucker
120 g Mehl
1 TL Backpulver

350 ml Milch
4 große Äpfel
100 ml Öl zum
  Ausbacken
Salz

Zubereitung:

1 Die Eier trennen und die Eiweiße steif schlagen. Die Eigelbe mit
dem Zucker und dem Vanillezucker schaumig rühren, danach
etwas Salz zugeben.

2 Das Mehl mit dem Backpulver und der Eigelbmischung vermengen,
die Milch langsam zugeben und alles zu einem Teig verrühren.
Danach den Eischnee unterheben.

3 Die Äpfel schälen und in dünne Scheiben schneiden. Das Öl in
einer tiefen Pfanne erhitzen, die Apfelschnitze in den Teig tauchen
und in das Öl legen. Auf beiden Seiten knusprig braun braten. Mit
Zimt und Zucker bestreuen.

Gseuchds	Geräuchertes
gspiam	gespieen, sich übergeben haben
gsuffa	gesoffen
guad	gut
Guadl	Süßigkeit, Plätzchen, Bonbon
Gugelhupf	runder Hefekuchen
Guggurutz	Mais
Gugn	Tüte
Gumpn	Tümpel
gwambad	dick
Gwand	Kleidung

Aussprache: „r" und „l"

Dass das „r" am Wortende so gut wie nicht vorkommt, wurde bereits gesagt. Aber auch innerhalb eines Wortes hat es in Bayern keinen leichten Stand. In Verbindung mit einem „a" wird es völlig verschluckt und sozusagen von einem zweiten „a" ersetzt. Dieses Phänomen wird Vokalisierung genannt:

waam	warm
Aam	Arm

Auch das „i" wird sehr häufig vokalisiert:

koit	kalt
fui	viel
Bruin	Brille
Muich	Milch
Hoiz	Holz

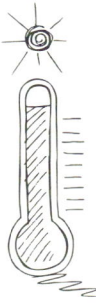

Ha?	Wie bitte?
Hacht	unsympathische Person
Hadrian	Skeptiker, Pessimist
Hädscher	Schluckauf
hadschn	schlurfen
Hafner	Töpfer
hafnern	töpfern
Haftlmacha	Kleinkarierter, Pedant
Haglschdega	Gehstock
Hallodri	Draufgänger

Bayrisches Eheleben

Im Gegensatz zu der Fülle origineller Ausdrücke zum Thema Verliebtheit nimmt sich der bairische Wortschatz, der sich rund um die Ehe dreht, sehr mager aus. Insgesamt scheint das erz-katholische Land diesem heiligen Stand wenig abgewinnen zu können. Hat er das „Fangeisen", den Ehering, erst einmal am Finger, wird der „Stenz" und „Hallodri" (Draufgänger) zum jämmerlichen „Lätschngori" (Pantoffelheld). Die Eheleute sind einander nicht mehr länger das „Gschpusi", sondern rufen sich zärtlich „Oida" (Alter) und „Oide" (Alte). Andererseits haben es aber auch unverheiratet Geblie- bene in Bayern nicht leicht, wie die Bezeichnung „iwastandig" („überständig") beweist. Sie beschreibt den Zustand einer alten Jungfer bzw. eines nicht mehr jungen Junggesellen.

Hampera	Hampelmann, Tölpel
handig	kritisch, feindlich
Hanswuaschd	Taugenichts, Kaspar
hantig	gereizt, scharfzüngig
Haum	Mütze
Haumdaucha	Haubentaucher
Häwam	Hebamme

– Dahoam is am oallascheenan –

Hawediäre!	„Habe die Ehre!"
Haxn	Beine, Füße
Heaft	süßer Senf, der zu Weißwürsten gegessen wird
Heandl	Hörnchen

Hebben	Frosch
heid nimma	heute nicht mehr
Heifdagod	Gesundheit
Heierl	Gartenhacke
Heigaign	magere Frau, Vogelscheuche
Helles	beliebtestes bairisches Bier
Hendl	Brathuhn
Herrgodsakra	fluchen: verdammt
Herrschaftszeitn	fluchen: es reicht
Herzebobberl	Allerliebste(r), Liebling

„Herr Lehrer, sind die Bayern Kannibalen?",
fragt ein Schüler seinen Heimatkundelehrer.
„Nein, natürlich nicht", antwortet dieser.
„Warum bringen Sie uns dann bei, dass sie
sich hauptsächlich von Touristen ernähren?"

Hetscherbockl	Schluckauf
heuer	dieses Jahr
hibsch	ziemlich
hidunzen	einnicken, hinlegen
hie	kaputt
Himme	Himmel

Himmehergottszeitn	Himmelherrgottszeiten
Himmemuadda	Mutter Gottes
hintafotzig	hinterhältig, intrigant
Hirgst	Herbst
Hirnschmoiz	Intelligenz
hoam ge	nach Hause gehen
Hoamweh	Heimweh

Grant

Der Grant ist eine urbairische Angelegenheit und unterscheidet sich deutlich von Missstimmungen, die im restlichen Deutschland vorherrschen. Der Grant ist keine zeitweilige Verstimmung, sondern eher etwas wie eine Lebenseinstellung, für die man sich einmal entschieden hat und nun nicht mehr ablegt. Ein Grantler neigt zu einsilbigen, barschen Antworten und legt einen sorgsam gepflegten Pessimismus an den Tag. Trotz alledem hat der klassische Grantler aber Humor und besitzt zuweilen sogar eine feine Ironie.

Aufgrund der Einzigartigkeit dieser Stimmung können die folgenden Übersetzungen natürlich lediglich Annäherungen sein:

Grantla	schlecht gelaunter Mensch
Grant	schlechte Laune
grantig	schlecht gelaunt, sauer
Grantlhuber	Nörgler, Miesepeter

Vorsicht: Der „Grandl" gehört nicht zu diesem Wortstamm, sondern ist die Bezeichnung für die in alten Holzöfen eingebauten Wasserkessel.

Hobeschoatn	Späne
Hodalump	Halunke
hogga	sitzen
Hoggableiba	letzter Gast
hoglbuachan	grobschlächtig, hart im Nehmen, stark
Hoiwe	halbe Maß Bier
Hoiz	Holz
Holla	Holunder
Hollerbiarl	Holunderbeeren
Hollerdauch	Holunderkompott
Hots di?	Bist du übergeschnappt?
Houzad	Hochzeit
Huad	Hut
Hunausn	Hornisse
Hundsbua	Lausejunge
hundshaidan	günstig
hupfats Wässa	Limonade, Mineralwasser
Hupfere	Geschlechtsverkehr
Huschaleidzi	Brrr, ist das kalt
hu(t)schn	schaukeln
Hutschagaul	Schaukelpferd
Hutzlbrüa	schwacher oder bitterer Kaffee

„Sog amoi,
    ka ma se ned
noo bläda hiparkn?"

„Wer so parkt, frisst ah
Weißwirscht mit Ketchup!"

i

i	ich
i a	ich auch
I mog di.	„Ich mag dich", wird von den Bayern häufig mit der Bedeutung von „Ich liebe dich" verwendet.
I wü mei Rua.	Ich will meine Ruhe.
Impen	Bienen
in da Frua	morgens
Indiana	kleine Münzen, Kupfergeld
inkommodian	stören
Irxnschmoiz	Muskelkraft
iwa	über
Iwärdriwa	überdrehte, überspannte Person
iwaroi	überall
iwärzwerch	überdreht, übertrieben
iwastandig	wörtlich: „überständig", Bezeichnung für den Zustand einer alten Jungfer bzw. eines nicht mehr jungen Junggesellen
iwo	ist doch gar nicht wahr

Berühmte Bayern

Lion Feuchtwagen (1884–1958)

Jüdischer Schriftsteller, der neben seinen Romanen auch dutzende Theaterstücke geschrieben hat. Bedeutende Romane von Feuchtwanger sind u.a. „Der tönerne Gott", „Jud Süß" und die Trilogie „Der Wartesaal" sowie die Josephus-Trilogie.

ja verreck	Fluch
Jaga	Jäger
Janka	Trachtenjacke
Joah	Jahr
Jobbm	Jacke
juchetzn	jubeln
Juchezer	Jauchzer
junga Hupfa	Jungspund

Flüche

Der bairische Sprachschatz verfügt über eine unglaubliche Vielfalt von höchst blumigen und anschaulichen Redewendungen. Besonders jene Formulierungen, die Erstaunen und Empörung zum Ausdruck bringen sollen, sind oftmals von großer Bildhaftigkeit. Außerdem sind gerade die Flüche oft religiösen Ursprungs, haben mitunter aber auch unverkennbar heidnische Wurzeln.

Oh jeckerl na!	Ach du meine Güte!
Herrgodsakra!	Verdammt!
Jessasmarja und	Maria und Josef!
Josef na	
Herrschaftszeitn	Es reicht.
Sacklzement	Mist, verdammt!
Do legst di nieda.	Das ist aber erstaunlich.
ja verreck,	Ausruf missbilligenden Erstaunens
brunzverreck	
Bluat von da Katz	Fluch: „Katzenblut!"
Bluatiger	Fluch: „Blutiger Hühnerkopf!"
Hennakopf	

Kaacherl	Schüssel
Kache	Vagina
Kadoffegnedl	Kartoffelkloß
Kaffä	Café, Kaffee
kagazn	sich laut räuspern, husten
Kaisasemme	Kaisersemmel
Kaiwe	Kalb
Kalamedätn	Schwierigkeiten, „Kalamitäten"
Kalubbn	baufälliges Haus

Höflichkeiten

Wichtige Elemente für eine erste Unterhaltung mit Einheimischen sind natürlich auch Dankesworte, Entschuldigungsfloskeln sowie Zeichen der Zustimmung. Zudem existieren einige Füllworte, die zwar ohne jede Bedeutung sind, dem Gespräch aber erst die richtige bayrische Würze verleihen:

Vergeltsgod	Danke
Sengsgod	Segne es Gott (wird als Antwort auf „Vergeltsgod" erwartet)
Mia gangsd!	Nichts für mich, danke!
nix für unguat	Entschuldigung
obbela	Entschuldigung
öha	tut mir leid
bassd scho	ja, ist in Ordnung, stimmt schon
awaschoaso	genau so ist es
Gellns?	Stimmen Sie mir zu?
woaßt scho	weißt schon
fei	unübersetzbar

Kambe	Kamm
kambln	kämmen
Kanapee	Sofa
Karfiol	Blumenkohl

Meinungsäußerungen

Sollten Sie jemandem einmal gehörig die Meinung sagen wollen – „d' Wadln fiere richdn", wie die Bayern sagen – empfiehlt es sich, dies in der Landessprache zu tun. Sie können sich sonst kaum den nötigen Respekt verschaffen.

Eam schaug o!	Was glaubt er denn!?	
Hoit dei Mei!	Halt deinen Mund!	
Do gengan s' her!	Hierher!	
Hots di?	Bist du übergeschnappt?	
Host mi?	Hast du mich verstanden?	
Homs mi?	Haben Sie mich verstanden?	

Kas	Käse
Kasbladl	eine Scheibe Käse
Kasdrol	Backofen
Kasloawe	blasse, „käsige" Person
Katzerl	Katze
Kauz	seltsame Person
Keandl	Körner
Keandlgfuadada	„Körnerfresser", Vegetarier, wohlgenährte Person
Keawä	Körbchen

kenna	können
Kenscheidl	Zündhölzer
Kidderhafa	Ulknudel, lustige Frau
Kiebe	Eimer
Kietzabolla	Graupel, kleine Hagelkörner
Kindawagl	Kinderwagen
kinzn	babysitten
Kipfal	Hörnchen aus Mürbeteig
Kirda	Kirchtag
Klepper	altes, klappriges Pferd
kliebn	spalten (Holz)
knerrn	knarren
Kniarogla	weiche Knie
knischbeln	grabschen

koa Gnead	immer mit der Ruhe
kobbad	frech, vorlaut
Koda	Kater
Koibshaxn	Haxe vom Kalb
Koidampf	Hunger

Unerwünschte Gesellschaft

Auch um jemandem zu verstehen zu geben, dass seine Gesellschaft unerwünscht ist, bietet das Bairische einige prägnante Wendungen. Sie haben die Wahl zwischen:

schwing di
schleich di
zupf di

Alle meinen ziemlich unmissverständlich dasselbe: Hau ab!

koit	kalt
komod	gemütlich, angenehm
komokastln	in „wilder Ehe" leben
Kosdn	Schrank
krachad	vulgär
Kracherl	Limonade
Krachlederne	Lederhose
krampfeln	mopsen
Krampm	zänkische Frau
Krampus	Knecht Ruprecht
Krapfa	Berliner, Krapfen

Krautstampfa	dicke Waden oder Beine
Krautwickerl	Kohlroulade
krawottisch	eng
kraxeln	klettern
Kraxler	Bergsteiger
Kreizbirnbaam	Fluch: „Kreuzbirnbaum"
kreizbrav	tugendhaft, außergewöhnlich brav
Kren	Meerrettich
Krenweiberl	Kräuterfrau, Marktfrau
Krod	Kröte
Krucka	hinterhältige, böse Person, meist eine Frau
Krugl	Krug
Kruzefix	Fluch: „Kreuz, Kruzifix"
Kua	Kuh
Kuacha	Kuchen
kuadig	dreckig, erdverschmiert
Kuawampn	sumpfige Stelle auf der Weide
Kuche	Küche
Kuchestutzn	Küchenhilfe, Küchenmädchen
kudern	kichern, lachen, herumalbern
Kund	Kumpel, netter Kerl
Kuttnbrunza	Vollidiot

Da **Kaffä** laffd
und **schbortlicha** werd
es bei mir
heid nimma.

Laam	Balkon
laar	leer
Laawan	Blätter
Lacherl	Pfütze, abfällig für „kleiner See"

Berühmte Bayern

Jean Paul (1763–1825)

Jean Paul, der mit dem weit weniger klangvollen Namen Johann Paul Friedrich Richter geboren wurde, ist heute den meisten nur noch durch seine Aphorismen und Sinnsprüche bekannt. Werke u. a.: „Leben des vergnügten Schulmeisterlein Maria Wutz", „Leben des Quintus Fixlein", „Dr. Katzenbergers Badereise".

Lalli	Dummkopf, Dussel
Lambbe	Lämmchen
langschdaglad	langbeinig
Lapp	gutmütige Person
Larfn	Faschingsmaske, hässliches Gesicht
Lätschngori	Pantoffelheld
Lätschnsepp, Lätschnbebbi	schwerfälliger, unmotivierter Mann
Lawoa	Waschbecken
leadala	bald
Leal	Kater
ledschad	schlapp, nicht mehr frisch
Leerwafn	Geschwätz

Leffe	Löffel
Leffi	Teelöffel
lei	vielleicht
Lenz	Frühling
Lewagnedl	Leberknödel
Lewakas	Leberkäse
Lewakassemme	Leberkäsebrötchen
liachtblaues Trutscherl	gutgläubiges, „blauäugiges" Mädchen

– Lewakassemme –

liagats Mensch	verlogenes Mädchen
Liagnbeitl	„Lügenbeutel", Lügner
liam	lieben
liegahaftig	bettlägerig
loachs	leicht
Loamsiada	„Leimsieder", behäbiger, schwerfälliger Mensch
Loasch	Spur, Rille
Loawerl	Leibchen

Loder	junger Mann, Liebhaber
Luada	„Luder", unzuverlässige Frau
Luadamadl	durchtriebenes Mädchen
luftgseichta Bazi	durchtriebener Junge, Mann
Lulatsch	großer, schlaksiger Junge, Mann

Aussprache: „ö" und „ü"

„Ü" und „ö" sind die Bayern spinnefeind. Sie bekommen es einfach nicht über die Lippen. Leider gibt es bei der Anwendung bairischer Ersatzvokale wieder keine fixe Regel, an die man sich halten könnte. Entweder wird aus dem „ü" ein „i" und dem „ö" ein „e" oder es wird eben wieder mithilfe der berühmten bairischen Diphthonge ausgewichen:

Semme	Brötchen
meng	mögen
kenna	können
stean	stören
iwa	über
Dia	Tür
Bleame	Blümchen

Lump	unzuverlässiger, hinterhältiger Mann
Lungaharing	Auswurf
lupfa	hochheben, lüften
lurn	auflauern, spähen, spionieren
lus amoi	hör mal
lusn	horchen

Maam	Mama, Mutter
Maatz	Aas
machtig	beeindruckend, gut
Mahlzeit	Guten Appetit!
Mai	Maul, Mund
Maibaam	Maibaum

Abschied

„Auf Wiedersehen" und „Tschüss" sind in Bayern äußerst selten zu hören. Und auch der Verbreitung moderner und internationaler Abschiedsfloskeln wie „Ciao" widersetzen sich die Bajuwaren bisher recht erfolgreich.

Bfiagod	Behüte dich Gott.
Bfiagod beinand	Behüte euch Gott.
Ade	auf Wiedersehen, Tschüss
Hawediäre!	Habe die Ehre!
Dere	gängige Abkürzung von „Habe die Ehre!"
Machs guad.	Machs gut.
oiso nacha	also, dann
Auf boid.	Bis bald.

Maigansl	junges, naives Mädchen
Mamalad	Marmelade, Konfitüre
mamsen	jammern, nörgeln, keppeln
Mandl	Männlein
mankln	bescheißen

Mannaleid	Mannsbilder
Mannsbuidl	Mannsbild
Maruin	Aprikose
Maschgera	maskierte, kostümierte Person
Massl	Glück
Mauserl, Mausi	Schatz, Liebling, „Maus"
megle	möglich
Mehlbabb	Kleber, Kleister
meng	mögen
Mewe	Möbel

Berühmte Bayern

Friedrich Wilhelm von Schelling (1775–1854)

Deutscher Philosoph, der aufgrund der starken Wandlung seines Denkens auch als „Proteus der Philosophie" in die Geschichte eingegangen ist. Der Vertreter des deutschen Idealismus entwickelte seine Naturphilosophie zu einer Identitätsphilosophie, in der alle Gegensätze im Absoluten vereint sind. Hauptwerke sind u.a.: „Ideen zu einer Philosophie der Natur", „Von der Weltseele", „System des transzendentalen Idealismus".

mia	wir
miad	müde
miechad	sympathisch, liebenswert
Miga	Mittwoch

Millibidschn	Milchkanne
Minga	München
mir douts and	Sehnsucht, Heimweh haben
miserablig	jämmerlich, furchtbar
Monda	Montag
Mongschoas	Rülpser
Mordsmassl	großes, unwahrscheinliches Glück
Morgn	Morgen

Glück

Wenn sich von der Menge unterschiedlicher Bezeichnungen für das Wort „Glück" auf den Gemütszustand der Sprachgemeinschaft schließen lässt, dürften die Bayern ein recht glückliches Volk sein:

Gligg	Glück
Dusl	Glück
Mordsdusel	Riesenglück
Schwein	Glück
Duslbruada	Glückskind
Massl	Glück

Mormerl	ängstliche Person
Muadda	Mutter
Muaddakaiwe	Nesthäkchen, Muttersöhnchen
Muckerl	Mauerblümchen, schüchterne, unscheinbare Frau
Mugga	Mücken

Den Bayern „eanare ea"

Die Bayern „schdean" (stören) sich insgesamt wenig daran,
wenn zwei Vokale nebeneinander stehen. Neben dem berühmten
bairischen „oa" gibt es auch noch das bairische „ea":

Zeachakas	Käsefüße
eana	ihr
Deandl	Mädchen
Keandl	Körner

„ea"

Muhackl	starrköpfiger, unbelehrbarer Mann
Muichkaffä	Milchkaffee
Muichzahnderl	Milchzahn
Musi	Musik
Mutscherl	Kätzchen

Berühmte Bayern

Franz Marc (1880–1916)

Franz Marc gründete gemeinsam mit Wassily Kandinsky die
Künstlervereinigung „Der Blaue Reiter". Marcs Gemälde zeigen
beinahe ausschließlich Tiere, er bevorzugte kräftige Farben.
Berühmt sind u.a. seine Gemälde „Drei rote Pferde" und „Das
blaue Pferd".

na

na	nein
nachad	danach, nachher
Nachn	Kahn
nackeln	wackeln
Namidoag	Nachmittag
napfitzen	hinlegen, um ein kurzes Nickerchen zu halten
narrisch	verrückt, wütend, ungehalten
neamd	niemand

Berühmte Bayern

Hans Sachs (1494–1576)

Deutscher Lyriker und Dramatiker, der sich vor allem durch sein unglaublich umfangreiches Werk auszeichnet. Er verfasste über 4000 Meisterlieder, mehr als 100 Stücke und etwa 800 Spruchgedichte.

nei	neu
Neidhammel	neidische, missgünstige Person
neimodisch	neumodisch
nem	neben
nia ned	niemals
nia	nie
Niselbriem	törichte, einfältige Person
nissig	unbedeutend, gering
Nisslsolod	Feldsalat

nix für unguat	Entschuldigung
nix	nichts
Nixnutz	Taugenichts
no ned hudln	nur nichts überstürzen
no	noch
Noadniggl	„Notnagel", armer Schlucker, manchmal auch für: Geizhals
Noagal	letzter Getränkerest im Glas
noasad	mit großer Nase ausgestattet
Noggabazerl	nackte Person
Noggal	kleine Klößchen, Nockerln
noggat	nackt
Nosnramme	Popel
Nudelweuger	Nudelholz
nudln	kitzeln
Nuitschgerl	schutzbedürftiges, hilfloses Kind
nussen	prügeln
Nussjackl	Eichelhäher (Vogel)
Nuttendiesel	Parfüm
Nuttenfiffi	Hund einer kleinen Rasse

s' Gehirn is a guade Sach.
Es fangd sofort
zum arbachn o,
wemma **aufwachd,**
und heard erst auf,
wemma im **Büro
o'kemma** is'.

Reiberdatschi – Kartoffelpuffer

Original bayrische Reiberdatschi werden aus „Erdäpfeln" hergestellt –
so nennt man in Bayern die Kartofteln.

Zutaten:

1 kg Kartoffeln
2 große Zwiebeln
2 Eier

etwas Salz
Öl

Zubereitung:

1 Die Kartoffeln schälen, grob reiben und in einem sauberen Küchentuch auspressen. Klein geschnittene Zwiebeln, Eier und Salz
miteinander vermischen.

2 In einer beschichteten Pfanne Öl erhitzen und den Kartoffelteig zu
flachen Puffern in die Pfanne drücken. Beide Seiten anbraten, bis
sie knusprig und goldbraun sind.

3 Die Reiberdatschi können mit Apfelmus bzw. Zimt und Zucker
oder auch mit Kräuterquark gegessen werden. In Bayern serviert
man manchmal auch Sauerkraut zu Kartoffelpuffern.

Oa	Ei
Oacha	Eiche
Oachkatzl	Eichhörnchen
Oachkatzlschwoaf	Eichhörnchenschweif
oana	einer
oane	eine
oans	eins
oaruafa	anrufen
Oaschal	Ärschchen

– Obazda –

Oba, zoin!	Zahlen bitte, Herr Ober!
Obacht!	Vorsicht!
obandeln	anbandeln, flirten
Obazda	Käseaufstrich
obbela	Entschuldigung
obletzn	wegräumen, abbauen
Ochsnaugn	Spiegeleier
Odl	Jauche
odraad	spaßig, originell
odraan	andrehen

ofissln	abnagen
öha	Ausruf des Erstaunens oder der Entschuldigung
ohabig	lästig
ohom	anhaben
Ohrwaschl	Ohrläppchen bzw. auch ganzes Ohr
Oida	„Alter", Ehemann

Berühmte Bayern

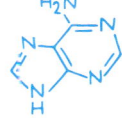

Justus von Liebig (1803–1873)

Deutscher Chemiker, der als einer der erfolgreichsten Wissenschaftler seines Jahrhunderts gilt. Besonders mit der von ihm entwickelten Radikaltheorie und der Theorie der Isomerie konnte er diesen Ruf begründen. Seine Entdeckungen ermöglichten tief greifende landwirtschaftliche Innovationen durch die Entwicklung der Mineraldüngung.

Oide	„Alte", Ehefrau
oiwei	immer
okendn	anzünden
olle	alle
oneschdesn	anstoßen
Orschkitzl	Hagebutten
ospeim	anspucken
Ottoman	Sofa
Ouherr	Großvater

– Oachkatzlschwoaf –

owabearld	ungepflegt, nachlässig gekleidet
owabearln	runterputzen, niedermachen
owe	runter
oweign	Appetit, Lust haben
Ozapft is!	Es ist angezapft!
ozwidan	anmeckern

Berühmte Bayern
Carl Orff (1895–1982)

Der Komponist Carl Orff vertonte an die 50 Texte von Friedrich Hölderlin, Heinrich Heine und anderen Klassikern, außerdem erarbeitete er Vertonungen zu zahlreichen antiken Tragödien. Am bekanntesten und populärsten sind seine Vertonungen der „Carmina burana" und des Märchens „Die Kluge".

Pabb	Papa, Vater
Paradeiser	Tomaten
Paraplui	Regenschirm
Parasoischwammerl	Parasolpilz
Pfaff	Pfarrer
Pfandl	Pfanne
Pfannakuacha	Pfannkuchen, Omelette
pfeigrod	exakt, unzweifelhaft

Münchner Derby

Zu den Gründungsmitgliedern der mit der Saison 1963/64 eingeführten Bundesliga gehörte nur der TSV 1860 München. „Die Löwen" – in Bayern „Sechzga" genannt – stellten in den 1960er-Jahren die beste Münchner Mannschaft. Dann aber gewann bald der Bundesliga-Aufsteiger von 1965, der FC Bayern München, die Oberhand und wurde zum besten Team nicht nur der Stadt, sondern des gesamten Landes. Wie wäre die Geschichte der beiden unglei-chen Rivalen wohl verlaufen, wäre Franz Beckenbauer in den 1960er-Jahren wirklich zu den „Sechzgan" gewechselt, wie er es zunächst vorhatte …?

Pfenningfuchsa	Geizkragen
pfiffkas	wertlos
Pflanz	Unsinn
pflanzen	hereinlegen

Pflodsch	Tölpel
pfuchadzn	schnauben, fauchen
pfuideifi	abscheulich
pfundig	besonders gut
Pladdn	Glatze
Planidzal	Wiener Würstchen
Ploderer	Karussell
Plümo	Federbett
Poischi	Kissen
Polster	Kissen
Potschamperl	Nachttopf
Prankn	große Hände
Preiß	alle Nichtbayern
Prost!	Zum Wohl!
Puiwa	Geld
pussieren	wild schmusen
Putzhodan	Putzlappen

Berühmte Bayern

Christian Morgenstern (1871–1914)

Christian Morgenstern wurde zunächst durch lustig-bizarre Gedichte wie die „Galgenlieder" und „Palmström" berühmt. Sein bekanntestes Gedicht ist wohl „Die unmögliche Tatsache". Sein Spätwerk hat immer mehr an Heiterkeit verloren und wurde zunehmend philosophischer.

Quadradradschn	Quasselstrippe
Quartl	Viertelliter Bier
Quedschn	Ziehharmonika

Gmias   Gemüse

Sofern es nicht paniert ist, genießt das „Gmias' in Bayern kein hohes Ansehen. Abfällig wird die gesunde Kost auch häufig einfach „Greazeigs" (Grünzeug) genannt.

Ruam	Rübe
Erdäpfel	Kartoffeln
Paradeiser	Tomaten
Umurdn	Gurke 
Karfiol	Blumenkohl
Blaugraut	Rotkohl
gäibe Ruam	Karotte
Bebblesgmias	Rosenkohl
Beenät	Spinat
Radi	Rettich 
Bädasui	Petersilie
Nisslsolod	Feldsalat
Parasoi-schwammerl	Parasolpilz
Rehgoiserl	Pfifferlinge

Raafgickerl	wilder, rauflustiger junger Mann
racha	rauchen
Radi	Rettich
Radl	Fahrrad
Radler	Bier mit Limonade

— Ruassnosn —

radln	Fahrrad fahre
Radlrutsch	Roller
raffa	raufen
Rahmriassl	Milchbart
Raibla	männliches Kalb
Raldrong	Schubkarre
Rammerl	süße Kruste

Ranggn	„Ranken", eine breite Scheibe
Ratschhaferl	Klatschbase
Ratz	Ratte
Rauchfangkehrer	Schornsteinfeger
Rauschkugl	stark angetrunkene Person
Reabeitl	brüllendes, weinendes Kind oder auch allg. „Heulsuse"
redua	zurück
Rehgoiserl	Pfifferlinge
Reiberdatschi	Kartoffelpuffer
Reigerl	Kiefern- und Föhrenzapfen
Reim	Kurve
Reimdeiter	Autoblinker
Reischerl	leichtes Angetrunkensein, Schwips

Bayrische Anatomie:

Hirn

Aang un Zinken

Backn

Hois, Gnack un Schuidan

Ellabong

Hend/ Prankn

Bauch Mong Wampe

Oaschal

Gnia

Zeachn

Fiaß

Rennschneckn	schwerfällige, langsame Person
Riabbl	Rüpel
Ribisl	Johannisbeere
Ribislmamalad	Johannisbeermarmelade
Rindas	Rindsfleisch
Ripperl	Kassler
Ritakiel	Trage-, Einkaufstasche
rösch	kross
Rotzbangard	unfolgsames Kind
Rotzbremser	Schnurrbart
Rotzgloggn	Schnupfnase
Rouperl	Erdbeere
Rua	Ruhe
Ruach	raffgieriger Mensch
Ruam	Rübe
ruasseln	schnarchen
Ruassnosn	„Rußnase", zärtlicher Ausdruck für ein schmutziges Kind
rucherd	raffgierig
Rufan	Schorf
Russ	Getränk aus Weißbier und Zitronenlimonade

Berühmte Bayern

Wilhelm von Röntgen (1845–1923)

Deutscher Physiker, der vor allem durch seine zufällige Entdeckung der X-Strahlen bekannt wurde, die ihm zu Ehren nun Röntgenstrahlen heißen.

Sach	Haus, Besitztümer
Sacklzement	Mist, verdammt!
Säfdl	Idiot
saggrisch	sehr

Namen

Der bairische Dialekt macht natürlich auch vor Namen nicht
halt. Gestochen hochdeutsch wird in Bayern kaum ein Vor-
name ausgesprochen, die Färbung gibt fast allen Namen eine
eigenen Klang. Neben typisch bairischen Namen wie Xaver
existieren auch eine ganze Reihe bairischer Abkürzungen wie
zum Beispiel:

Lugge, Wiggal	Ludwig
Xander	Alexander
Baschdae	Sebastian
Vroni	Veronika

Samas?	Seid ihr bereit?
Samawiedaguat?	Vertragen wir uns wieder?
Sandler	Landstreicher, Obdachloser
sandln	herumstreunen
sans	sind Sie (sind sie)
sapralott	verdammt, darf das wahr sein
Saubangard	ungezogenes Kind
Saubär	Schimpfwort
Säubärn	saure Milch
Saufratz	unerzogenes Kind

Krautsalat

In Bayern isst man den Krautsalat als Vitaminspender
zur Kalbshaxe oder zu Schweinebraten.

Zutaten:

750 g Weißkohl
1 große Zwiebel
1 EL Butterschmalz
100 g roher
   Schinken
200 ml Fleischbrühe

5 EL Essig
5 EL Öl
Kümmel
etwas Zucker
Salz
Pfeffer

Zubereitung:

1 Den Weißkohl in feine Streifen schneiden, die Zwiebel fein hacken, beides in eine Schüssel geben, gut salzen und verrühren.

2 Das Butterschmalz in einer Pfanne erhitzen, den klein geschnittenen Schinken darin anbraten, mit der Fleischbrühe ablöschen und einige Minuten köcheln lassen.

3 Das Kraut mit Essig, Öl, den Gewürzen, dem Zucker und der Schinkenbrühe vermischen, ordentlich durchmengen und vor dem Servieren mindestens eine Stunde durchziehen lassen.

sauguad	sehr gut
Saupreiß	ungeliebter Nichtbayer
Sauramme	Drecksau
sauwa	sauber
Schachdal	Schachtel
Schädlwä	Kopfschmerzen
Schaff	Bottich
Schaffe	kleine Holzwanne
Schame	Schemel
Schandamarie	Polizei
Schandi	Polizei
Schanzl	angesehener Beruf, Amt
schäps	schief
scharmutzieren	flirten, plänkeln

Schafkopfa   Schafskopf

Das beliebteste bayrische Kartenspiel ist das „Schafkopfa". Es gehört zu den ältesten Kartenspielen überhaupt und existiert seit etwa 1500. Der Name leitet sich nicht vom Tier, sondern von den Fässern ab, auf denen es ursprünglich gespielt wurde. „Schaffen" nannte sich die Kunst des Fässerbauens und mit dem „Kopf" sind einfach die Fassdeckel gemeint. Der Variantenreichtum der regionalen Regelanwendung ist groß, in jeder Gegend gibt es unterschiedliche Spielarten.

Scharnierl	Bezeichnung für eine glückliche Beziehung
schbeanzln	turteln, flirten

– Schafskopf –

Schbeibdricha	kleines oder sehr altes Auto
Schboznwadl	dürre, männliche Waden
Schdäggalfisch	Fischspieß
Schdiggl	Stück
schdimdaso	stimmt so, danke
Schdoin	Weihnachtsstcllen
Schdum	Wohnzimmer
sched	ich meine nur, bloß
schee	schön, hübsch

schee staad	immer mit der Ruhe
Scheeschaugerl	sehr attraktive Frau
Schefzapferl	Arschkriecher, Speichellecker
Scheibtruach	Schubkarren
Scheidl	Holzscheit
Scheierl	große Tasse, Schale

Bairische Wortwürste

Neben den Schwierigkeiten, die Ihnen als Tourist vermutlich unbekannte Dialektausdrücke und Aussprache machen, dürfte es Ihnen am Anfang sogar Probleme bereiten, überhaupt zu erkennen, wann ein Wort endet und wann ein anderes beginnt. Die Bayern sprechen nämlich mit großer Begeisterung mehrere Worte – oft ganze Sätze – einfach in einem Rutsch durch. Für das ungeschulte Ohr klingt das dann wie eine endlose und völlig sinnlose Kette aneinandergereihter Silben:

Samawiedaguat?	Vertragen wir uns wieder? Lass uns wieder Freunde sein!
Baggmas?	Packen wir es an?
Samas?	Seid ihr alle so weit?

Scheißheisl	Toilette
Scheißheislweda	schlechtes Wetter
Scher	Maulwurf
Scherhauffa	Maulwurfshügel
Schernschleifergoschn	Werkzeug eines geschwätzigen Menschen

Scherzl	Endstück vom Brot
schiach	hässlich
Schiaglada	schielende Person
schiagln	schielen

Von Kopf bis Fuß

Der Bayer ist anders, auch in seinen Einzelteilen:

Belle	Kopf	
Aang	Augen	
Mei	Mund	
Ohrwaschl	Ohren	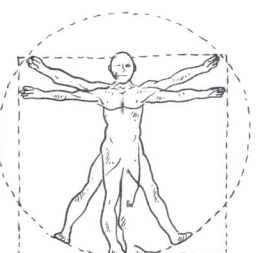
Zoozn	Haare	
Zinken	Nase	
Prankn	Hände	
Glubbal	Finger	
Buggl	Rücken	
Wampe	Bauch	
Oaschal	Hintern	
Haxn	Beine	
Wadl	Waden	
Fiaß	Füße, Beine	

Schicks eich!	Beeilt euch!
Schiraff	Giraffe
Schiss	Angst
Schix	Freundin
Schlaatz	Schleim

schlafdamisch	unausgeschlafen
Schlapfa	Hausschlappen
Schlawuzi	Schlawiner
Schleg	Prügel
Schlegghaferl	Leckermäulchen
schleich di	hau ab

Wie bitte?

Vermutlich wird Ihnen das am Anfang Ihres Bayernaufenthaltes häufig passieren: Sie haben etwas nicht verstanden. Machen Sie sich keine Sorgen, das Bairische bietet eine Menge Formulierungen, mit denen Sie sich peinliche und langwierige Nachfragen ersparen. Sie alle bedeuten in etwa: „Entschuldigen Sie bitte. Ich habe Sie eben bedauerlicherweise nicht richtig verstanden. Wären Sie so freundlich und würden Ihren letzten Satz noch einmal für mich wiederholen?"

Wieha?
Woas?
Ha?
Hä?
Woas sogsd?
Woas sogns?

Schliffe	Schlitzohr
Schlissl	Schlüssel
Schloafhaum	Schlafmütze
schloage	schlurfen

schlozig	schlüpfrig
Schmand	Sauerrahm
Schmankerl	ein Leckerbissen

Berühmte Bayern

Karl Valentin (1882–1948)

Komiker, Kabarettist und Autor. Arbeitete vor allem mit Liesl Karlstadt, aber u. a. auch mit Bertolt Brecht zusammen und inszenierte gemeinsam mit Brecht dessen Drama „Trommeln in der Nacht". Ab 1914 stand er mit seinem Programm „Tingeltangel" auf der Bühne.

Schmarrn	Unsinn, Quatsch
Schmarrnbene,	Quatschkopf
Schmarrnjackl	
Schmatzerl	feuchter Kuss
schmatzn	sich unterhalten, quatschen
schmaugeln	schmusen, kuscheln
Schmei	Schnupftabak
Schmeibixl	Schnupftabakdose
Schmoiz	„Schmalz", Muskelkraft
Schnablwetzen	Tratsch und Klatsch
schnabulieren	kulinarisches Genießen
schnackerlfidel	gut gelaunt
Schnäggal	Locken
Schnaggler	Schluckauf

Schnaid	Tapferkeit
schnaksln	Sex haben
Schnappsack	Rucksack
Schnapsdrossl	Trunkenbold
Schnarchzapfn	Person, die schwer von Begriff ist

FC Bayern München

Im Jahr 1900 im „Restaurant Gisela" gegründet, wurde der Münchner Club zum erfolgreichsten Fußball-Verein der deutschen Geschichte.

Der FC Bayern ist nicht nur Rekordmeister, sondern er hat auch die meisten Fans und die bestbezahlten Spieler aller deutschen Clubs.

Viele Weltstars kommen aus seinen Mannschaften, wie z. B. Franz Beckenbauer, Gerd Müller, Karl-Heinz Rummenigge, Oliver Kahn, Manuel Neuer, Thomas Müller, Philipp Lahm oder Franck Ribéry.

Schneckerl	Liebste, Liebes
schneeig	verschneit
schneibln	schneien
Schnieweritzl	Kaulquappe
Schnoifeier	Zündholz („Schnellfeuer")
Schnucki	Liebling
Schnürlregn	sehr starker Regen

Schnuzabobbele	Kosewort, vor allem für Kinder
scho	schon, doch
scho megle	schon möglich
Schoafkopfa	Schafskopf spielen
Schoartrapf	Regenrinne
Schoas	Furz
Schoasdromme	Schimpfwort, etwa: „Arschloch"
schoasseln	furzen

Aussprache: Konsonanten

Haben die Bayern schon für die Vokale allerlei Sonderregeln, so gehen sie auch bei den Konsonanten ihre eigenen Wege. Die harten Konsonanten „p", „t" und „k" werden im Bairischen in aller Regel zu „b", „d" und „g".

Babbia	Papier
Auddo	Auto
Fagge	Ferkel

Während „p" und „t" auch am Wortanfang meist zu „b" und „d" werden, bleibt das „k" dort hart.

schobbm	anschieben
Schpinngangerl	verrückte Person
Schpringgingerl	sehr lebendiges Kind
Schraazn	vorlautes Kind
Schuabandl	Schnürsenkel
Schuabladdla	Schuhplattler (Tanz)

schuggern	ein Kind wiegen
Schui	Schule
Schupfa	Schuppen, Hütte
Schupfahex	unansehnliche Frau
Schwaiberl	Schwalbe

Bayrische Fauna

Ein beliebter Test, mit dem Nichtbajuwaren gerne konfrontiert werden, fragt nach der korrekten Übersetzung von „Oachkatzlschwoaf". „Eichhörnchenschwanz" ist die richtige Antwort. Aber auch für vollständige Tiere haben die Bayern ihre eigenen Bezeichnungen:

Oachkatzl	Eichhörnchen
Amixl	Amsel
Andn	Ente
Assel	Elster
Banscherl	Kalb
Scher	Maulwurf
Schiraff	Giraffe
Fagge	Ferkel
Ratz	Ratte
Emsn	Ameise
Nussjackl	Eichelhäher (Vogel)
Schwaiberl	Schwalbe

schwammas owe	„spülen wir es hinunter", trinken wir
Schwammerl	Pilz

Schwein	Glück
Schweiners	Schweinefleisch
Schweinshaxn	Schweinehaxen
schwing di	hau ab

Obstsorten

Ein Einkauf auf einem bayrischen Wochenmarkt kann nicht nur wegen der ungewohnten Bezeichnungen verschiedener Gemüsearten zur Herausforderung werden, auch viele Obstsorten haben in Bayern eigene Namen:

Ziwem	große Rosinen, Zibeben
Brawan	Brombeeren
Weichsln	Sauerkirschen
Marillen	Aprikosen
Ananas, Rouperl	Erdbeere
Aubern	Blaubeeren
Holla	Holunder
Ribisl	Johannisbeere

Schwitz	Schweiß
Schwoaf	Schwanz
schwoassln	schwitzen
Schwoibl	Strick
Schwuzergaul	Schaukelpferd
Seawas	Grüß dich!
Sechta	Wasser- bzw. Milcheimer
Sechga	1860 München

„Satt" hoaßd net, dass koa Schoklad' mehr nei'bassd.

Seggl	Socken
Seiher	Sieb
sekkieren	ärgern, nerven, nicht locker lassen
Semme	Brötchen
Semmegnedl	Semmelknödel
Sengsgod	Segne es Gott!
seniern	nachdenken

„Wer ko, der ko!"

„Wer hod, der hod!"

seucha	räuchern
Seuferling	Spucke
siach	krank
Siampara	Schwätzer
Singerl	Küken, neugeborene Gans
Siwa Zwetschgen	Sieben Sachen, Besitz
Siwagscheit	Schlauberger
soacha	urinieren
soachwoarm	„pinkelwarm", lauwarm
Soad	dummes Zeug, Unsinn

Berühmte Bayern

Max Weber (1864–1920)

Der weltberühmte Soziologe sah in der protestantischen Ethik das Grundprinzip des Kapitalismus. Hauptwerke: „Protestantische Ethik" und „Wirtschaft und Gesellschaft".

soag amoi	sag einmal, also wirklich
sodala	ich bin so weit, es ist vollbracht
soiemolst	damals
spachteln	sich den Bauch vollschlagen
Spagatschnur	Bindfaden
Spaitl	Spalt, Spalte (z. B. Apfelspalte)
spanna	wahrnehmen, aufmerksam werden, begreifen
Spanngluft	Sicherheitsnadel

Spatzl	Spatz, Kosewort
Speis	Speisekammer
Speispfinsta	Gründonnerstag
Spektive	Feldstecher, Fernglas

Mia san mia

Einige Redewendungen zeigen die bayrische Lust am Wortspiel und machen darüber hinaus auch das bayrische Selbstverständnis recht schön deutlich.

Mia san mia.	Wir sind wir.
dahoam	daheim
wiedadahoam	wieder zu Hause
Dahoam is am	Daheim ist es am
oallascheenan.	allerschönsten.
Wer ko, der ko.	Wer kann, der kann.
Wer hod, der hod!	Wer hat, der hat!
Ja so sans.	So sind sie halt.
Ja mei.	So ist es nun einmal.
Schaung ma moi, dann seng ma scho.	Lassen wir es auf uns zukommen.

Sperl	Stecknadel
Spezl, Spezi	Kumpel, Freund
Spinatwachtel	streitlustige, alte Frau
Spital	Krankenhaus
spitz	geil

spitzn	lüstern schauen
Spreissel	feiner Holzsplitter
Sprengstutzen	Gießkanne

Grammatik: konjugieren

Natürlich wird kein Bayer von einem Tourister gleich die Beherrschung unregelmäßiger bairischer Verben verlangen. Um diese Kunst zu beherrschen, sind, wie in jeder Fremdsprache, Beharrlichkeit und unermüdliche Übung nötig. „Zuagroaste", die in Bayern heimisch werden wollen, sollten sich jedoch früher oder später auch dieser Herausforderung stellen:

i kimm	ich komme	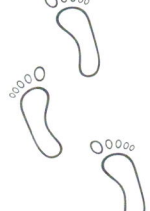
du kimmsd	du kommst	
ea kimmd	er kommt	
mia kemman	wir kommen	
es kemmds	ihr kommt	
de kemman	sie kommen	

Springerl	Limonade
spuin	spielen
staad	ruhig, still
staadlustig	bairische Lebensart, -lust, Gemütlichkeit
Staffe	Stufe
Stalitzn	(Papier-)Tüte
Stamperl	Schnaps(glas)
Stampf	Püree

Obazda – Käseaufstrich

Diese pikante Käsezubereitung,
eignet sich gut als Zwischenmahlzeit mit einer Brezn.
Ursprünglich wurde Obazda „erfunden", um
alte Käsereste zu verwerten.

Zutaten:

500 g Camembert, 45 % Fett i. Tr.	1 gehäufter TL Kümmel
150 g Butter	Salz
2 Zwiebeln	Pfeffer
0,3 l dunkles Bier	

Zubereitung:

1 Den Camembert und die Butter weich werden lassen, zerdrücken und mit den abgezogenen und fein geschnittenen Zwiebeln mischen.

2 Nach der Zugabe von Bier und Gewürzen alles mindestens eine Stunde bei Zimmertemperatur durchziehen lassen. Obazda wird als Aufstrich mit frischem Graubrot gegessen.

Stanglaff	Aufschneider
Stanniolpapier	Alufolie
stean	stören
Stehaufmandl	zähe, kämpferische Person
Stenz	Draufgänger
Sterndlwerfer	Wunderkerze
Stiangglanda-mischung	Promenadenmischung (wörtlich: „Stiegengeländermischung")
Stianghaus	Stiegenhaus
Stichmoiwan	Stachelbeeren
stier	pleite
Stoana	Steine
Stodara	Städter
stopseln	hintergehen
Stopselzieher	Korkenzieher
Stopsllocken	Korkenzieherlocken
strawanzen	sich herumtreiben
streckderlängs	der Länge nach (hinfallen)
Strizzi	Lausejunge, Draufgänger
strumpfsockert	ohne Schuhe
Struppi	nach „Wastl" der zweitbeliebteste Dackelname
Stuzerl	Schwänzchen
Stuzi	Kleiner
Suchde	Erkältung
suchdig	erkältet sein, kränkeln
Suiz	Aspik
Summamierln	Sommersprossen
Sunda	Sonntag
Sundagwand	Festtagskleidung, Sonntagskleid
Sunnabruin	Sonnenbrille
Suz	Muttersau

Grammatik: der, die, das

Auch in Bayern gibt es drei Geschlechter, die mit bestimmten Artikeln angezeigt werden. Bis auf einige Ausnahmen – der Butter zum Beispiel – haben die Dinge außerdem auch in Bayern das gewohnte Geschlecht. Aber die Artikel selbst sind natürlich ganz andere:

da	der	**da Solod**	der Salat
d'	die	**d' Muich**	die Milch
as	das	**as Bia**	das Bier

Techtelmechtel	Liebschaft, Affäre
Trampel	Tölpel
tratzen	necken, ärgern
trietscheln	bummeln, trödeln
Tschamsderer	Liebhaber
Tucherd	Bettdecke
Türk	Mais

Berühmte Bayern

Walther von der Vogelweide (1170–1230)

Walther von der Vogelweide gilt als der bedeutendste deutsche Lyriker des Mittelalters. Er verfasste unzählige Minnelieder und Sangsprüche und ist auch für seine politischen Lieder bekannt.

um a Mausduderl

um a Mausduderl	äußerst knapp, gerade so
Umadum	Umgebung
umanand	herum
umasunschd	gratis, umsonst
ummi, umma	herüber
Umurdn	Gurke
unbandig	unermesslich, grenzenlos
unghamperd	grobschlächtig, derb, unbeholfen
Uniggla	Jucken, Kribbeln

Aufbruch

Die Bayern sind gemütliche Leute und gehen die Dinge langsam und mit Bedacht an. Auch ein Aufbruch wird selten überstürzt vollzogen, dem geselligen Zusammensein folgt in aller Regel zunächst ein zeremonieller Austausch von Absichtsbekundungen, sich nun bald auf den Weg machen zu wollen:

sodala	ich bin so weit, es ist vollbracht
Samas?	Seid ihr fertig?
Baggmas?	Gehen wir (es an)?
beid a weng	warte bitte
no ned hudln	nur nichts überstürzen
koa Gnead	immer mit der Ruhe

Untern	Brotzeit (um 15 Uhr)
Ura	Sauerteig
Urviech	Urgestein, Original

128

Vadda	Vater
vahuanakln	verderben, zerstören
vasaubeitln	verlegen, verlieren
vaschmocht	gekränkt
Vefix!	Verflucht!
verbandelt	verbunden, etwas miteinander haben

Begrüßung

Der Klassiker unter den bairischen Begrüßungsformeln ist natürlich „Seawas", sie setzt aber eine gewisse Vertrautheit mit dem Angesprochenen voraus und ist nicht immer passend. Je nach Art der Beziehung zwischen den Sprechern und abhängig von der Tageszeit können Sie auch noch auf einige andere gängige Grüße ausweichen. Im Zweifelsfall können Sie eine Begrüßung auch einfach mit „Eana a" (Ihnen auch) beantworten. So machen Sie sicher nichts falsch.

Griesgod!	Grüß Gott!
Grieseanagod!	Grüße Sie Gott!
Griesdigod!	Grüße dich Gott!
Moing!	Guten Morgen!
Moing beinand!	Guten Morgen allerseits!
Hawediäre!	Habe die Ehre!

verbotsichtigen	verunstalten, beschädigen
verdruckt	hinterhältig, intrigant
Vergeltsgod	Danke
verschmocht	eingeschnappt, beleidigt sein

Getränke

Natürlich gibt es in Bayern nicht nur Bier:

hupfats Wässa	Mineralwasser
Kracherl	Limonade
gaibs Kracherl	Orangenlimonade
Kaffä	Kaffee
an Rodn	Rotwein
an Weißn	Weißwein

verschneggla	verprassen, vergeuden
Viecherei	Sauerei, Schufterei
voaschiagln	verraten, verpetzen
Vogerlschau	in die Luft schauen
voglwuid	sehr ausgelassen
Vürduch	Schürze

Berühmte Bayern

Max Scheler (1874–1928)

Begründer der modernen Anthropologie, der in seiner Philosophie sittliche Werte als unveränderte Wesenheiten postulierte. Hauptwerke sind u. a. „Der Formalismus in der Ethik und die materiale Wertethik", „Vom Ewigen im Menschen", „Versuche einer Soziologie des Wissens".

Wadlbeißer	Dackel
Wadln	Waden
waggs	unwegsam, schwierig
Wähdam	Schmerzen
Wampen	dicker Bauch
Wapperl	Aufkleber
Wäscheglupperl	Wäscheklammer
Waschlappa	„Waschlappen": Pantoffelheld, Feigling
Wassaschnoizn	Brotsuppe
Wastl	beliebtester Name für den beliebtesten bayrischen Hund: den Dackel

Aussprache: Endungen

Eine saubere „er"-Endung wird man in Bayern selten zu hören bekommen. Ganz davon abgesehen, dass die Bayern den Hang haben, alles zu verkleinern und deswegen gerne ein „i" statt „-er" anhängen, wird es auch dort, wo man das „er" stehen lässt, häufig wie ein „a" ausgesprochen:

Bia	Bier
Muadda	Mutter
Bruada	Bruder

Auch die Endung „-en" kommt in Bayern eigentlich nicht vor, sie wird in aller Regel zu einem bloßen „n" abgekürzt oder auch zu einem „a":

schwimma	schwimmen
kambln	kämmen

Watschn	Ohrfeige
Waugl	braver Hund
Waxlaaber	Stechpalme
Weda	Wetter, Unwetter

Aussprache: Auch die Bayern stolpern über den spitzen Stein

In Abwandlung der bekannten Trennregel ließe sich sagen: „Spreche nie ‚st', denn das tut dem Bayern weh." Und diese Regel gilt ausnahmslos, die Bayern können kein „st" sprechen, es wird unausweichlich zu einem „schd".

Das „Stiangglanda" (Stiegengeländer) wird „Schdiangglanda" ausgesprochen, der „Strizzi" (Draufgänger) ist eigentlich ein „Schdrizzi" und das „Stamperl" ein „Schdamperl".

Mit „sp" gibt es dieselben Probleme, es wird „schb" gesprochen:

Spezl	Schbezl (Freund)
Spatzl	Schbatzl (Spatz, Kosename)

Weiberer	Frauenschwarm
Weisad	Geschenk/Mitbringsel zu Hochzeit, Geburt, Krankenbesuch
Weisbia	Weizenbier
weißeln	weiß streichen
Weiswuaschd	Weißwurst
Weiwaleid	Frauen

Wochentage

Der altertümliche bairische Ausdruck „Afdamending" (Montag) wird nur noch vereinzelt und von sehr traditionsbewussten Bayern gebraucht. Andere unbekannte Wochentagsbezeichnungen sind aber immer noch im Umlauf:

Monda,	Montag
Afdamending	
Irda	Dienstag
Minga	Mittwoch
Pfinsda	Donnerstag
Freida	Freitag
Samsda	Samstag
Sunda	Sonntag

Weiwe, Weiwi	Ehefrau
Weixeln	Sauerkirschen
wia d' Sau	sehr, äußerst
Wiad	Wirt

– Der Wastl –

wiafui	wie viel
wieselhaarig	mickrig, schmächtig
Wiesn	Oktoberfest
Wimmerl	Pickel
Windbeitl	Windbeutel
wisawi/Wisawi	gegenüber, das Gegenüber

Wolpertinger

Obwohl das zwei von drei Bayern vehement bestreiten und auf seiner Existenz beharren würden: Der Wolpertinger ist ein bairisches Fabelwesen, um das sich zahllose Mythen ranken. Viele davon betreffen seine Entstehungsgeschichte, er soll eine Kreuzung verschiedener Tierarten sein. Die Meinungen, welche Tiere das ursprünglich waren, gehen aber weit auseinander. Die meisten Darstellungen zeigen einen Hasen mit Geweihen, aber auch andere Kombinationen, zum Beispiel solche mit Vogelköpfen, sind zuweilen anzutreffen. In Gasthäusern finden sich manchmal präparierte Trophäen und die Besitzer bestehen natürlich darauf, das ausgestellte Exemplar selbst erjagt zu haben.

woach	weich
woana	weinen
woar	wahr
Woas sogsd?	Wie bitte?
Woaserl	naive, unerfahrene junge Frau

Woazn	Weißbier
Wocha	Wochen
wohi	wohin
Woigla	Rausch
woimugln	schmeicheln, Honig ums Maul schmieren
woin	wollen
Woipadinga	Wolpertinger, bairisches Fabelwesen
Woipi	liebevolle Bezeichnung des Wolpertingers
Wuad	Wut
wuaschd	egal, völlig egal
Wuaschdfinga	dicke Finger
Wuaschdsemme	Wurstsemmel
Wuggal	Lockenwickler
wuisln	lamentieren, jammern
wurln	wuseln
Wuzelwar	Kinderschar
Wuziwugerl	süßes Kleinkind

– Wolpertinger –

Bayrische Kartoffelklöße

Die Kartoffeln für diese Spezialität müssen mehligkochend sein – und natürlich aus Bayern stammen!

Zutaten:

1 ½ kg Kartoffeln
1 Ei
100 g Semmel-
    brösel
1 l Milch
Oregano

100 g Weißbrot
2 TL Schweine-
    schmalz
Salz
Pfeffer

Zubereitung:

1 500 g Kartoffeln gar kochen und schälen. Die restlichen rohen Kartoffeln schälen, waschen, grob reiben und in einem sauberen Geschirrtuch fest auspressen.

2 Die rohen Kartoffeln mit den zerdrückten gekochten Kartoffeln in einer Schüssel vermischen. Ei, Semmelbrösel, erhitzte Milch und Gewürze hinzugeben und gründlich zu einem Kloßteig verkneten.

3 Danach das Weißbrot würfeln und einige Minuten in Schweine-schmalz anrösten, bis es kross und bräunlich ist. Aus dem Teig mittelgroße Klöße formen und in die Mitte jedes Kloßes mehrere Weißbrotwürfel drücken.

4 Danach in kochendes Salzwasser geben, kurz köcheln lassen und auf kleiner Flamme etwa 30 Minuten ziehen lassen. Die fertigen Klöße mit einer Kelle aus dem Topf holen.

zach	zäh
Zahnabeitl	Heulsuse
zahnen	heulen
zamgramd	aufgeräumt, gesittet, anständig
Zamgsuffana	Alkoholiker
zamm	zusammen
zammadätscht	zerdrückt, zerknautscht

Verstärkung

Obwohl der Bayer seinen Worten gerne Gewicht verleiht und deshalb äußerst häufig zu verstärkenden Floskeln greift, kommt das Wörtchen „sehr" in seinem Wortschatz nicht vor. Es gibt aber genug Alternativen im Bairischen:

wia d' Sau	„wie die Sau": sehr, äußerst
hibsch	„hübsch", ziemlich
rechd	recht
schee	„schön", sehr
gscheid	„gescheit", ziemlich
sauwa	„sauber", stark
fesd	„fest", sehr
narrisch	„verrückt", sehr
saggrisch	sehr

Zamperl	Hund
Zanbiaschdn	Zahnbürste
zapfnduster	stockdunkel
Zaster	Geld

Zeachakas	Käsefüße
zeam	reizend, süß
Zehnerl	Hiermit wird wohl noch länger der Groschen, das 10-Pfennig-Stück gemeint bleiben, theoretisch auch: 10-Cent-Münze
zeide	reif
Zeiserlwagn	Gefängnistransport
zerm	zünftig, lustig

Berühmte Bayern

Sebastian Kneipp (1821–1897)

Der Pfarrer Sebastian Kneipp wurde durch die nach ihm benannten kneippschen Wasserkuren bekannt. In seinen Publikationen „Meine Wasserkur" oder „So sollt Ihr leben" empfahl er Wassertreten in kaltem und warmem Wasser, Wechselbäder und Schüttungen gegen die verschiedensten Leiden. Seine Kuren finden auch heute noch erfolgreiche Anwendung.

zfui	zu viel
zgriang	zanken
Ziach	Ziehharmonika
Zieferl	Ungeziefer
Ziefern	ungepflegte alte Frau
zindig	wütend, sauer, geladen

zinken	falsch spielen
Zinken	große Nase
Zipfe	Zipfel, Penis
Zipfehaum	Zipfelmütze
Zipfeklatscha	Emporkömmling, Schnösel

Dackel

Der Dackel ist des Bayerns bester Freund. Während andere Hunderassen mit wenig schmeichelhaften Namen wie „Bäffzgar" (etwa: „kläffendes Vieh") oder auch dem abfälligen „Nuttenfiffi" (das sind in Bayern vor allem Pudel) bedacht werden, erfreut sich der Dackel allseitiger Beliebtheit. Der bayrische Dackel ist in der Regel natürlich sehr beleibt und meistens auch noch höchst unfolgsam, aber das nimmt ihm hier selten jemand wirklich übel. Der Volksmund nennt ihn liebevoll „Wadlbeißer", auch „Zamperl" ist eine beliebte Bezeichnung für kleine Hunde. Nahezu alle bayrischen Dackel hören auf den Namen „Wastl". Sollten Sie damit ausnahmsweise einmal falsch liegen, probieren Sie es einfach mit „Struppi" – so heißen in der Regel alle Übrigen.

Zipflhuber	Blödmann
Ziwem	große Rosinen
zkein	entzweit sein, im Streit liegen
zoang	zeigen

Zoasla	nervöse, hektische Person
zofichdig	dürr, mager
Zoi	Zahl
zoozad	mit langen, zotteligen Haaren
Zoozn	zottelige Haare
Zooznbeni	Mann mit langen Haaren
Zornbinkel	trotziges Kind
zrugg	zurück

– Ziefern –

zrupft	verstrubbelt, zerzaust
zsammgsuffa	leer getrunken
zschbaad	zu spät
zua	zu
Zuagroasta	Zugezogener, Nichtbayer, der sich in Bayern niedergelassen hat
Zuaheisl	Anbau

Zuaschloapf	Kompott
zuawadrugga	drücken
Zugehfrau	Haushaltshilfe, Putzfrau
Zui	Ziel
zupf di	verschwinde, hau ab
zupfa	verschwinden
zuzeln	saugen
Zwaggal	kleines Lebewesen, Kind oder Tier

Zweder	Pullover
zwerch	quer
Zwetschgndatschi	Zwetschgenkuchen
Zwetschgn-manschgal	hutzeliger alter Mann – wird in der Vorweihnachtszeit auch als Nascherei gefertigt.
zwieda	missmutig, schlecht gelaunt

Zwiedawuazn	garstiges Weib
Zwiederner	übellauniger Mensch
Zwiefacher	Tanz
zwiefen	ärgern
Zwiesprach	Gespräch unter vier Augen
Zwiewe	Zwiebel
Zwiggabussl	zärtlich in die Wange kneifen
Zwiggl	Steinschleuder
Zwirnsböllal	Garnrolle
zwoa	zwei
Zwoaring	Zwei-Euro-Münze
Zwutschgerl	kleines Ding, Kleinteil

Berühmte Bayern

Albertus Magnus (1193–1280)

Albertus Magnus, dessen Name „Albert der Große" bedeutet, gilt als der größte deutsche Philosoph und Theologe des Mittelalters und ist der Begründer des christlichen Aristotelismus in der Scholastik.

Bildnachweis:
Shutterstock:
Aigel Ber 54; Aleks Melnik 123; Alexander Raths 28; Aliva 41; Alpha_7D 39; anahtiris 101; Angela Shvedova 120; Angelina Bambina 105; Ann Winter 90; ANNA ZASIMOVA 7, 48, 63, 77; BarthFotografie 16, 109; Betelejze 70; Boris-B 6; Chaim Devine 81; Complot 40; Daniela Barreto 17, 24, 26–27, 38, 43, 57, 60, 64, 69, 73, 82–83, 97, 103, 122, 117–119, 122, 125, 130, 132–133, 136, 146; Dawid Lech 53; dimpank 89; Dustick 128; Edler von Rabenstein 29; Einstock 59; Elena Pimukova 79; Elina Li 6; Epine 10; FooTToo 21; franz12 31; halimqd 74; Ingrid Balabanova 96; iniaz 127; IXIES 12; J. background 30; Jason Stitt 139, 143; Jiri Kuhn Photography 42; JosepPerianes 33; Jovanovic Dejan 13; Karl Allgaeuer 137; Klara Viskova 142; Lemonade Serenade 92, 138; LHF Graphics 8, 113; MaciejGillert 116; Macrovector 7, 48, 63, 77; Maria Averburg 7, 48, 63, 77–78; Marion Carniel 61; mhatzapa 56, 66, 100; mijatmijatovic 9, 85, 114; Minur 6; Monkey Business Images 110; Natasha Zalevskaya 45; nikiteev_konstantin 106, 121; Nikolaeva 37; NoirChocolate 72; Olena Yakobchuk 14; PavloArt Studio 22, 46, 52, 93; Pen-Is Production 51; pha88 75; picoStudio 23; Pikovit 131; Polina Tomtosova 67; primiaou 54; puruan 107; Radomir Rezny 140; Rawpixel.com 71, 93; Robert Przybysz 34; schab 11, 13, 22, 33, 46, 52, 56, 66, 69, 80, 87, 91, 93–94, 99, 100, 102, 106, 115, 121, 127, 130, 139, 143; seung heo 68; sinoptic 47; srzaitsev Cover; topform 129; VectorVicePhoto 86; VerisStudio 134; VFilimonov 86; Victoria P. 124; Victoria Sergeeva 62; Visual Generation 11, 80, 87, 91, 94, 102, 115, 127, 130; Vitalii Petrenko 95; wernimages 19; WINS86 99; Yaska 6, 14, 19, 28–29, 31, 34, 53, 75, 101, 110, 116, 134, 140; Zdenek Harnoch 59

Judith Kroboth: 15, 18, 25, 35, 44, 49, 55, 58, 65, 76, 84, 88, 98, 100, 104, 111, 120, 133, 135, 141

Alle weiteren Fotos: design cat GmbH

Genehmigte Lizenzausgabe
tosa GmbH
Industriestraße 19
64407 Fränkisch-Crumbach 2020
www.tosa-verlag.de

© 2020 Die Textwerkstatt, Langenlois

Umschlaggestaltung, Satz und Layout:
design cat GmbH

ISBN 978-3-86313-027-5